AF274711

••• **Títulos relacionados**

SSCG0109 INSERCION LABORAL DE PERSONAS CON DISCAPACIDAD

[DISPONIBLE CERTIFICADO COMPLETO]

Solicítalos en
- Librería
- www.paraninfo.es
- Solicitudes nacionales +34 914 463 350
- Solicitudes fuera de España +34 913 308 907
                                              +34 913 308 919

Gestión de los recursos laborales, formativos y análisis de puestos de trabajo para la inserción sociolaboral de las personas con discapacidad

Cristina de Alba Galván

Paraninfo

Autora

Cristina de Alba Galván es licenciada en Psicología por la Universidad de Sevilla, con formación de posgrado en Dirección y Gestión de Recursos Humanos.

Su trayectoria profesional se ha centrado en la gestión de personas, realizando tareas de análisis de perfiles profesionales, selección, formación y desarrollo del talento humano. Ha colaborado con equipos multidisciplinares, participando en labores de intermediación laboral y coordinado estudios y proyectos de investigación y evaluación, tanto en el sector público como privado.

Es colaboradora en medios digitales, donde ha publicado artículos sobre desarrollo personal y profesional, así como sobre temas relacionados con empleo y formación.

Índice

Introducción normativa

La Ley Orgánica 3/2022, de 31 de marzo, de ordenación e integración de la Formación Profesional, contiene una disposición derogatoria única que afecta a la regulación de los certificados de profesionalidad, ahora denominados **Certificados Profesionales.** La referida normativa deroga la Ley Orgánica 5/2002, de 19 de junio, de las Cualificaciones y de la Formación Profesional, y abre un escenario de cambios que se irán implementando progresivamente.

La Ley Orgánica 3/2022, de 31 de marzo, de ordenación e integración de la Formación Profesional implica que toda la formación es acumulable. La oferta formativa se estructura de forma escalonada, siendo los Certificados Profesionales un nivel intermedio (Grado C) de una escala que va desde el Grado A hasta el E.

En los artículos 35 a 38 de la Ley 3/2022 se describe en qué consisten estos Certificados Profesionales: su oferta, formación asociada, estructura, duración, acceso, titulación y validez. Posteriormente, esta normativa se completa con lo dispuesto en el Real Decreto 659/2023, de 18 de julio, que desarrolla la ordenación del sistema de Formación Profesional. Concretamente en los artículos 67 a 81 es donde se hace referencia a la oferta formativa de Grado C, correspondiente a los Certificados Profesionales.

Están agrupados en 26 familias profesionales con características comunes del sector. En la actualidad hay más de medio millar de Certificados Profesionales incluidos en el Repertorio Nacional. Esta cifra no deja de crecer. Además, cada certificado está específicamente regulado por un real decreto.

Un Certificado Profesional corresponde al Grado C de la oferta del Sistema de Formación Profesional. Es un documento oficial, con validez en todo el territorio nacional y debe constar en el Catálogo Nacional de Ofertas de Formación Profesional, que certifica la capacitación para el desarrollo de una actividad profesional.

Debe detallar los módulos profesionales superados y los estándares de competencia profesional asociados a él e incluidos en el **Catálogo Nacional de Estándares de Competencias Profesionales**, así como su correspondencia con el Marco Español de Cualificaciones.

Despliegan su validez en un doble ámbito, laboral y académico:

- En el contexto laboral tienen validez profesional, porque acreditan las competencias en una determinada profesión. Para poder trabajar en algunas profesiones, se exigen determinadas cualificaciones, y los certificados sirven para acreditarlas.

- Asimismo, tienen validez académica, puesto que permiten continuar un itinerario formativo siempre que se cumplan los requisitos de acceso para cursar la titulación deseada. De tal modo que, los Certificados Profesionales que sean parte de un Grado D permitirán la matrícula modular para completar los módulos establecidos en el currículo y obtener el correspondiente título de técnico básico, técnico o técnico superior con validez en todo el territorio nacional.

Para obtener un Certificado Profesional (Grado C) es preciso cumplir con los requisitos de acceso para realizar la formación.

Estructura de los Certificados Profesionales

I. Identificación: denominación, familia y área profesional a la que pertenecen; nivel de cualificación profesional (1, 2 o 3); cualificación profesional de referencia; entorno profesional y módulos formativos que esté previsto cursar junto con la duración de cada uno de ellos.

II. Perfil profesional: incluye las competencias profesionales requeridas en el mercado laboral. En todas ellas se concretan las realizaciones profesionales y los criterios de realización.

III. Formación: describe los módulos formativos que esté previsto cursar para adquirir las competencias requeridas. En cada uno de ellos se indican las capacidades que se pretende alcanzar y la duración del módulo de prácticas no laborales —PNL—, para el que cabe solicitar exención si se cumplen determinados requisitos.

IV. Prescripciones de las personas formadoras.

V. Requisitos mínimos de espacios, instalaciones y equipamiento.

Los Certificados Profesionales se identifican con una denominación concreta y un código alfanumérico propio, y sirven para acreditar una determinada cualificación profesional. Cada certificado está asociado a una relación de unidades de competencia que, a su vez, se vinculan con una serie de módulos formativos específicos. Algunos módulos están integrados por unidades formativas y tanto unos como otras son, en ocasiones, transversales, lo que significa que se trata de contenidos incluidos en más de un Certificado Profesional.

Los Certificados Profesionales se articulan en tres niveles de competencia profesional (1, 2 y 3) conforme a lo dispuesto en el que será el Catálogo Nacional de Estándares de Competencias Profesionales, anteriormente Catálogo Nacional de Cualificaciones Profesionales (CNCP), según los criterios establecidos de conocimientos, iniciativa, autonomía y complejidad de las tareas, en cada una de las ofertas de Formación Profesional.

La oferta formativa dirigida a la obtención de los Certificados Profesionales tiene carácter modular para favorecer la acreditación parcial acumulable de la formación recibida y posibilitar así el avance en el itinerario de Formación Profesional para cualquiera que sea la situación laboral de cada persona en cada momento.

En definitiva, el Grado C constituye la oferta, parcial y acumulable, del sistema de Formación Profesional, de varios módulos profesionales del catálogo modular de Formación Profesional por razón de su significado en el mercado laboral y conducente a la obtención de un Certificado Profesional.

Las ofertas de Grado C de Formación Profesional tendrán por objeto módulos profesionales incluidos previamente en el catálogo modular de formación profesional y asociados al Catálogo Nacional de Estándares de Competencias Profesionales.

Finalidad de los Certificados Profesionales

- Contribuir a la ordenación de un Sistema de Formación Profesional al servicio de un régimen de formación y acompañamiento profesionales que sea capaz de responder con flexibilidad a los intereses, expectativas y aspiraciones de cualificación profesional de las personas a lo largo de su vida.

- Combinar escuela y empresa situando a la persona en el centro del sistema.

- Facilitar el aprendizaje permanente de toda la ciudadanía mediante una formación abierta, flexible y accesible, estructurada de forma modular, a través de la oferta formativa asociada al certificado.

- Acreditar las cualificaciones profesionales o las unidades de competencia recogidas en estas, independientemente de su vía de adquisición, bien sea través de la vía formativa, o mediante la experiencia laboral o vías no formales de formación.

- Favorecer, tanto a nivel nacional como europeo, la transparencia del mercado de trabajo.

- Contribuir a la calidad de la oferta de Formación Profesional.

Este libro

El presente libro desarrolla el Módulo Formativo denominado *Gestión de recursos laborales, formativos y análisis de puestos de trabajo para la inserción sociolaboral de personas con discapacidad,* MF1034_3.

Dicho módulo formativo está asociado a la Unidad de Competencia UC1034_3, perteneciente a la Cualificación Profesional de referencia SSC323_3, de nivel 3, incluida en el Certificado Profesional denominado SSCG0109 *Inserción laboral de personas con discapacidad,* dentro de la familia profesional Servicios Socioculturales y a la Comunidad.

Según el Real Decreto 721/2011, de 20 de mayo, los contenidos que en esta obra se recogen se corresponden con una duración de 90 horas.

Tanto la estructura como el desarrollo del libro se ajustan al citado Real Decreto y más concretamente a los contenidos del Módulo Formativo que le da título *Gestión de recursos laborales, formativos y análisis de puestos de trabajo para la inserción sociolaboral de personas con discapacidad,* MF1034_3.

Contenidos

1. Marco de la discapacidad

    -   Conceptos y terminología

    -   Modelo del funcionamiento y de la discapacidad

    -   Clasificación Internacional del Funcionamiento, de la discapacidad y de la salud CIF. Tipos de discapacidad

    -   El certificado de minusvalía. Utilidad y beneficios para la inserción laboral

    -   Discapacidad y dependencia. La Ley de Promoción de la Autonomía personal y atención a las personas en situación de dependencia

    -   Protección económica de la discapacidad. Ayudas y prestaciones económicas

2. Recursos sociolaborales y formativos para personas con discapacidad

    -   Modalidades de integración sociolaboral:

        — Centros ocupacionales

        — Centro especial de empleo

        — Enclaves laborales

- — Vías de acceso al mercado de trabajo: la oferta pública de empleo, la oferta privada y el autoempleo
- La empresa. Concepto. Tipos de estructura organizativa. Responsabilidad social de las empresas
- Normativa laboral. Contrato de trabajo. Jornada laboral. El salario. Permisos y vacaciones
- Pautas de actuación con empresas e Instituciones para la intermediación laboral:
  - — Acciones de sensibilización para la contratación de personas con discapacidad
  - — Estudio de perfiles profesionales
  - — Procesos de generación de la oferta de empleo y contratación
  - — Flujos de información: *inputs* y *outputs*
  - — Relaciones con los departamentos de recursos humanos
  - — Guía de gestión de la intermediación laboral

6. **Análisis de puestos de trabajo para la inserción sociolaboral de personas con discapacidad**
   - Puesto de trabajo: estudio y contextualización
   - Funciones, tareas, habilidades y capacidades requeridas
   - Indicadores y pautas para el análisis de puestos de trabajo
   - Procedimiento para la identificación de necesidades. Evaluación de las condiciones de trabajo
   - Características de la adaptación del puesto de trabajo. Medidas a adoptar

Nota del editor

En Ediciones Paraninfo estamos comprometidos con la calidad de la formación e intentamos que nuestros materiales, respondan fielmente y con rigor a las necesidades de todos cuantos confían en nuestro sello editorial.

Tratamos de dar respuesta a los currículos de las unidades formativas y de los módulos que integran los distintos Certificados Profesionales, equilibrando la parte teórica con la práctica para que los procesos de aprendizaje se conviertan en experiencias gratificantes tanto para docentes como para las personas inmersas en los procesos formativos.

Contribuir de forma decisiva a afianzar aprendizajes, ayudar a adquirir destrezas que tengan significado para el empleo y conseguir potenciar el desarrollo personal es nuestra mayor satisfacción como editores.

Para lograrlo contamos con excelentes autores, expertos en las materias que abordan, en la mayoría de los casos docentes de dichas especialidades con dilatada experiencia profesional y académica, porque buscamos perfiles familiarizados con los contextos laborales concretos a los que se refieren nuestros manuales.

Confiamos en poder serte de ayuda y esperamos tus impresiones acerca de nuestro trabajo. Sean positivas o negativas, serán muy bien recibidas y, sin duda, nos ayudarán a seguir mejorando y trabajando con ilusión para continuar siendo un referente en formación para el empleo.

Agradecemos tu confianza en nuestros manuales. Todo nuestro equipo queda a tu total disposición. Puedes contactar con nosotros en esta dirección de correo electrónico: info@paraninfo.es.

1. Marco de la discapacidad

Introducción

El concepto y los modelos explicativos de la discapacidad han evolucionado a lo largo de los años, influyendo decisivamente en la visión de la sociedad sobre las personas con discapacidad y en las actuaciones e iniciativas desarrolladas.

Se ha pasado desde un modelo médico-biológico que entendía la discapacidad como una anormalidad médica, ante la que hay que poner en marcha medidas terapéuticas individuales, a un modelo biopsicosocial, el cual supone una visión integradora que permite abordar la discapacidad desde distintos niveles: biológico, psicológico y social.

Objetivos

- Identificar y gestionar los recursos sociolaborales y formativos disponibles para la inserción de las personas con discapacidad.

- Sistematizar y estructurar la información sobre recursos sociolaborales y formativos para elaborar documentación de difusión y/o registro.

- Establecer y mantener relaciones de colaboración con empresas e instituciones, desarrollando acciones de intermediación laboral y sensibilización empresarial para favorecer la inserción de personas con discapacidad.

- Colaborar en el análisis y adaptación de puestos de trabajo a personas con discapacidad para facilitar su inserción sociolaboral.

Contenido

1.1. Conceptos y terminología

El análisis del Modelo de Discapacidad debe comenzar por definir los principales conceptos relacionados con el mismo. El concepto ha evolucionado a lo largo de los años, introduciendo modificaciones y pasando de centrarse en las dificultades a poner el foco en las barreras a las que se enfrentan las personas con discapacidad y en la importancia de los apoyos.

La Organización Mundial de la Salud (OMS) publicó en 1980 la Clasificación Internacional de Deficiencias, Discapacidades y Minusvalías (CIDDM), en la que se introdujeron los siguientes términos:

- Deficiencia

  La OMS define la deficiencia como «toda pérdida o anormalidad de una estructura o función psicológica, fisiológica o anatómica». Las deficiencias pueden ser temporales o permanentes; progresivas, regresivas o estáticas; intermitentes o continuas. Una persona puede padecer más de una deficiencia de manera simultánea.

- Discapacidad

  La definición de discapacidad que aparece en la CIDDM es «toda restricción o ausencia debida a una deficiencia de la capacidad de realizar una actividad en la forma, o dentro del margen que se considera normal para el ser humano».

- Minusvalía

  El concepto de minusvalía es entendido por la OMS como «una situación de desventaja para un individuo determinado, consecuencia de una deficiencia o discapacidad, que limita o impide el desempeño de un rol que es normal en su caso (en función de su edad, sexo y factores sociales y culturales)». Como se desprende de la definición, la minusvalía depende de la interacción de la persona y su entorno (la sociedad en la que vive).

Discapacidad	Trastorno a nivel de persona
Deficiencia	Trastorno a nivel orgánico
Minusvalía	Trastorno a nivel de contexto social

Según la Organización mundial de la Salud, la discapacidad forma parte del ser humano y es consustancial a la experiencia humana. La OMS considera que la discapacidad es el resultado de la interacción entre afecciones (como la demencia, la ceguera, las lesiones medulares...) y una serie de factores ambientales y personales.

En la Convención Internacional sobre los Derechos de las Personas con Discapacidad (2006), cuyo objetivo fue promover, proteger y asegurar el goce pleno y en condiciones de igualdad de todos los derechos humanos y libertades fundamentales por todas las personas con discapacidad, y promover el respeto de su dignidad inherente, se estableció la siguiente definición del concepto:

Las personas con discapacidad incluyen a aquellas que tengan deficiencias físicas, mentales, intelectuales o sensoriales a largo plazo que, al interactuar con diversas barreras, puedan impedir su participación plena y efectiva en la sociedad, en igualdad de condiciones con las demás.

Convención Internacional sobre los Derechos de las Personas
con Discapacidad (2006).

La discapacidad es una situación que resulta de la interacción entre las personas con deficiencias previsiblemente permanentes y cualquier tipo de barreras que limiten o impidan su participación plena y efectiva en la sociedad, en igualdad de condiciones con las demás.

Ley General de derechos de las personas con discapacidad y de su inclusión social.

Actividad propuesta 1.1.

Relaciona cada concepto con su definición:

1. Deficiencia	a. Restricción o ausencia debida a una deficiencia de la capacidad de realizar una actividad en la forma o dentro del margen que se considera normal para el ser humano.
2. Minusvalía	b. Pérdida o anormalidad de una estructura o función psicológica, fisiológica o anatómica.
3. Discapacidad	c. Situación de desventaja para un individuo determinado, consecuencia de una deficiencia o discapacidad, que limita o impide el desempeño de un rol que es normal en su caso.

1.2. Modelo del funcionamiento y de la discapacidad

El modelo propuesto por la OMS en la Clasificación Internacional de Deficiencias, Discapacidades y Minusvalías (CIDDM) era un modelo lineal que señalaba a las deficiencias como causa de las discapacidades y estas como origen de las minusvalías.

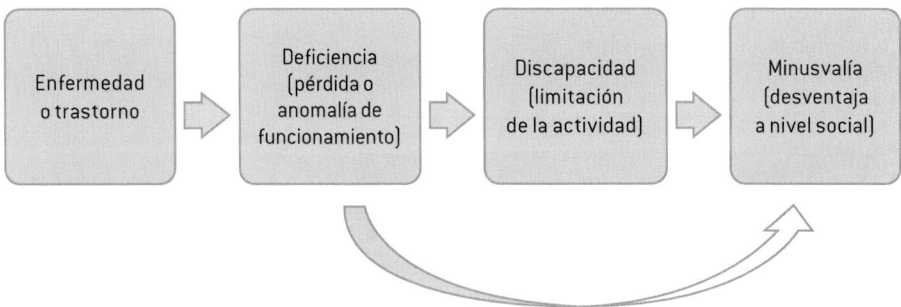

Este modelo tenía una serie de limitaciones, entre las que destacan:

- La falta de información sobre la relación entre deficiencia, discapacidad y minusvalía.

- Ser un modelo excesivamente lineal, que proponía una relación de causalidad muy directa.

- No contemplar otros elementos importantes como, por ejemplo, los factores contextuales.

- El modelo tenía una perspectiva negativa, centrándose en las carencias y restando importancia a las capacidades o habilidades que la persona mantenía.

Para solventar estas limitaciones, la Organización Mundial de la Salud llevó a cabo una revisión de la CIDDM que culminó con la aprobación en 2001 de la Clasificación Internacional del Funcionamiento, de la Discapacidad y de la Salud, conocida como CIF. En dicha clasificación se propuso el Modelo del funcionamiento y de la discapacidad, el cual se caracteriza por:

- El funcionamiento de las personas se entiende como una interacción bidireccional entre las condiciones de salud y los factores contextuales (ya sean factores personales o ambientales).

- Este modelo tiene en cuenta la relación entre todos sus componentes:

  — Funciones y estructuras corporales.

  — Actividades y participación.

  — Factores ambientales.

- Supone un enfoque biopsicosocial y un abordaje más positivo, pasando de ser una clasificación de consecuencias de enfermedades (CIDDM) a una clasificación de componentes de salud.

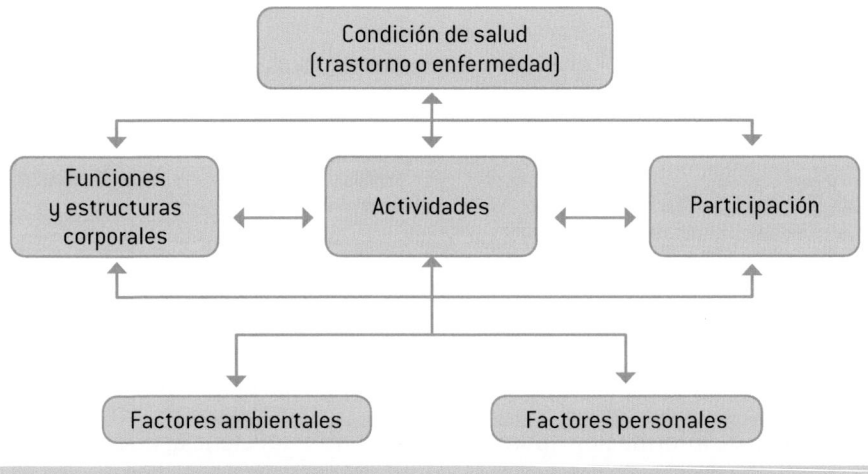

Interacciones entre los componentes de la CIF (Clasificación Internacional del Funcionamiento, de la Discapacidad y de la Salud, OMS, 2001).

1.3. Clasificación Internacional del Funcionamiento, de la Discapacidad y de la Salud, CIF. Tipos de discapacidad

La Clasificación Internacional del Funcionamiento, de la Discapacidad y de la Salud (CIF) fue desarrollada por la Organización Mundial de la Salud (OMS) y publicada en 2001. Esta clasificación se diseñó para que pudiera ser utilizada de manera interdisciplinar y fuera aplicable a diferentes sectores.

Las principales aplicaciones de la CIF son:

- Herramienta estadística: en la recogida y registro de datos de encuestas y estudios de población.

- Herramienta de investigación: para medir resultados, calidad de vida o factores ambientales.

- Herramienta clínica: en la valoración de necesidades, para homogeneizar tratamientos con condiciones específicas de salud, en la valoración vocacional, en la rehabilitación y en la evaluación de resultados.

- Herramienta de política social: en la planificación de sistemas de seguridad social, sistemas de compensación y para diseñar e implementar políticas.

- Herramienta educativa: para diseño del currículum académico.

Los componentes de las funciones y estructuras corporales, las actividades, la participación y los factores ambientales están clasificados en la CIF a través de 1424 categorías, organizadas en una estructura jerárquica de cuatro niveles:

- Funciones corporales

  Son las funciones fisiológicas de los sistemas corporales (incluyendo funciones psicológicas).

  — Funciones mentales.
  — Funciones sensoriales y dolor.
  — Funciones de la voz y el habla.
  — Funciones de los sistemas cardiovascular, hematológico, inmunológico y respiratorio.
  — Funciones de los sistemas digestivo, metabólico y endocrino.
  — Funciones genitourinarias y reproductoras.
  — Funciones neuromusculoesqueléticas y relacionadas con el movimiento.
  — Funciones de la piel y estructuras relacionadas.

- Estructuras corporales

  Son las partes anatómicas del cuerpo tales como los órganos, las extremidades y sus componentes.

  — Estructuras del sistema nervioso.
  — El ojo, el oído y estructuras relacionadas.
  — Estructuras involucradas en la voz y el habla.
  — Estructuras de los sistemas cardiovascular, inmunológico y respiratorio.
  — Estructuras relacionadas con los sistemas digestivo, metabólico y endocrino.
  — Estructuras relacionadas con el sistema genitourinario y el sistema reproductor.
  — Estructuras relacionadas con el movimiento.
  — Piel y estructuras relacionadas.

- Actividades y participación

  Actividad es la realización de una tarea o acción por una persona. Las limitaciones en la actividad son dificultades que una persona puede tener en la realización de las mimas.

  Participación es el acto de involucrarse en una situación vital. Las restricciones en la participación son problemas que una persona puede experimentar al involucrarse en situaciones vitales.

En esta categoría se utilizan dos calificadores: *desempeño/realización* y *capacidad*. Se incluyen categorías como:

— Aprendizaje y aplicación del conocimiento.

— Tareas y demandas generales.

— Comunicación.

— Movilidad.

— Autocuidado.

— Vida doméstica.

— Interacciones y relaciones interpersonales.

— Áreas principales de la vida.

— Vida comunitaria, social y cívica.

- **Factores ambientales**

  Son factores externos que componen el ambiente físico, social y actitudinal en el que las personas viven. Estos factores pueden tener una influencia negativa o positiva en el desempeño de la persona como miembro de la sociedad, en sus capacidades, en sus estructuras y funciones corporales. Es decir, los factores ambientales pueden actuar como facilitadores o como barreras.

  — Productos y tecnología.

  — Entorno natural y cambios en el entorno derivados de la actividad humana.

  — Apoyo y relaciones.

  — Actitudes.

  — Servicios, sistemas y políticas.

Tipos de discapacidad

Existen múltiples clasificaciones de discapacidad, siendo común distinguirlas según su origen y según su tipología:

*   Según el origen de la discapacidad, esta puede ser:

    — Por nacimiento: congénita o perinatal.

    — Sobrevenida: adquirida por enfermedad o accidente.

*   Según la tipología, las discapacidades pueden clasificarse en tres grandes categorías: discapacidades físicas, sensoriales y psíquicas.

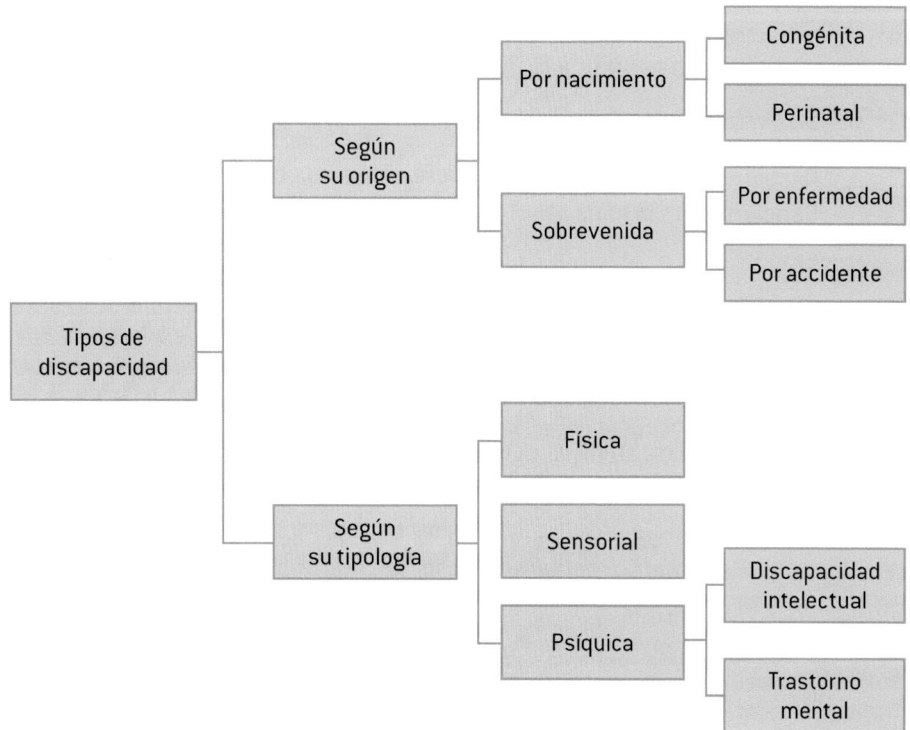

a) Discapacidad física

Las discapacidades físicas se deben a deficiencias de tipo motor y/o visceral, como:

- Sistema músculoesquelético (deficiencias articulares, amputaciones...).

- Sistema nervioso (epilepsia, tetraplejia, paraplejia...).

- Aparato respiratorio (asma, trasplante de pulmón, fibrosis quística...).

- Sistema cardiovascular (cardiopatías, arritmias...).

- Sistema hematopoyético y sistema inmunitario (anemias, inmunodeficiencias...).

- Aparato digestivo (enfermedad del hígado, incontinencia...).

- Aparato genitourinario (deficiencias del riñón, incontinencia urinaria...).

- Sistema endocrino (hipertiroidismo, diabetes...).

- Piel (soriasis...).

- Neoplasias (tumor).

b) Discapacidad sensorial

Son discapacidades originadas por deficiencias en los sentidos, principalmente deficiencias auditivas y visuales.

b.1. *Discapacidad auditiva*

La discapacidad auditiva hace referencia a la carencia, disminución o deficiencia de la capacidad auditiva, ya sea total (cofosis) o parcial (hipoacusia).

Para clasificar las tipologías de pérdidas auditivas pueden utilizarse cuatro criterios:

- Según la localización de la lesión:

  — Pérdida auditiva conductiva o de transmisión (enfermedades u obstrucciones en el oído exterior o medio). Este tipo de lesión no suele provocar **pérdidas severas** y sus efectos pueden minimizarse mediante el uso de audífonos o intervenciones quirúrgicas.

  — Pérdida auditiva sensorial, neurosensorial o de percepción (daños en las células ciliadas del oído interno o los nervios que lo abastecen). Este tipo de lesión puede provocar pérdidas de distinta magnitud (desde leves hasta profundas). Pérdida auditiva mixta (daños tanto en el oído externo o medio y el interno).

— Pérdida auditiva mixta (daños tanto en el oído externo o medio y el interno). Es una combinación de **pérdida conductiva y sensorial**.

— Pérdida auditiva central (lesiones en los centros auditivos del cerebro).

• Según el grado de pérdida auditiva: en una persona sin deficiencia existe audición por debajo de los 20 dB (decibelios). Las pérdidas auditivas según su grado se clasifican en cuatro categorías:

— Deficiencia auditiva o hipoacusia leve: umbral entre 20 y 40 dB.

— Deficiencia auditiva o hipoacusia media: umbral auditivo entre 40 y 70 dB.

— Deficiencia auditiva o hipoacusia severa: umbral entre 70 y 90 dB.

— Pérdida profunda o total: umbral superior a 90 dB.

• Según las causas:

— Exógenas: la etiología de la discapacidad auditiva puede ser por causas exógenas como, por ejemplo, rubeola materna durante el embarazo o incompatibilidad del factor Rh.

— Hereditarias.

• Según la edad del comienzo de la sordera: el momento en el que aparece la discapacidad auditiva determinará las posibilidades posteriores de comunicación de la persona con discapacidad (lectura labiofacial, comunicación oral, lenguaje de signos, etc.). Se establecen tres grupos:

— Sordera prelocutiva: la discapacidad es anterior a la adquisición del lenguaje oral (antes de 2 años).

— Sordera perilocutiva: la discapacidad sobrevino mientras se adquiría el lenguaje oral (2-3 años).

— Sordera poslocutiva: la discapacidad es posterior a la adquisición del lenguaje oral (después de 3 años).

b.2. *Discapacidad visual*

La discapacidad visual se refiere a la pérdida, total o parcial, del sentido de la vista. Las discapacidades visuales pueden clasificarse según su grado:

- Ceguera:

  — Ceguera total: ausencia total de visión o, a lo sumo, percepción luminosa.

  — Ceguera parcial: visión muy limitada, permitiendo la orientación en la luz y percepción de masas uniformes.

- Baja visión:

  — Baja visión severa: visión reducida que permite distinguir volúmenes, distinguir algunos colores y escribir y leer a una distancia muy reducida.

  — Baja visión moderada: visión reducida que permite la lectoescritura si se adaptan unas ayudas pedagógicas y/o ópticas adecuadas.

La Organización Mundial de la Salud (OMS) establece que las principales causas de discapacidad visual son:

- Errores de refracción (miopía, hipermetropía o astigmatismo) no corregidos: 43 %

- Cataratas no operadas: 33 %

- Glaucoma: 2 %

Por otro lado, la OMS estima que las principales causas de ceguera crónica son las cataratas, el glaucoma, la degeneración macular relacionada con la edad, las opacidades corneales, la retinopatía diabética, el tracoma y las afecciones oculares infantiles (como las causadas por la carencia de vitamina A).

En la actualidad, existen diferentes métodos y técnicas para minimizar los efectos de la ceguera y ayudar a las personas con discapacidad visual a realizar tareas cotidianas por sí mismas (sistema braille, perros guía, sistemas electrónicos, etcétera).

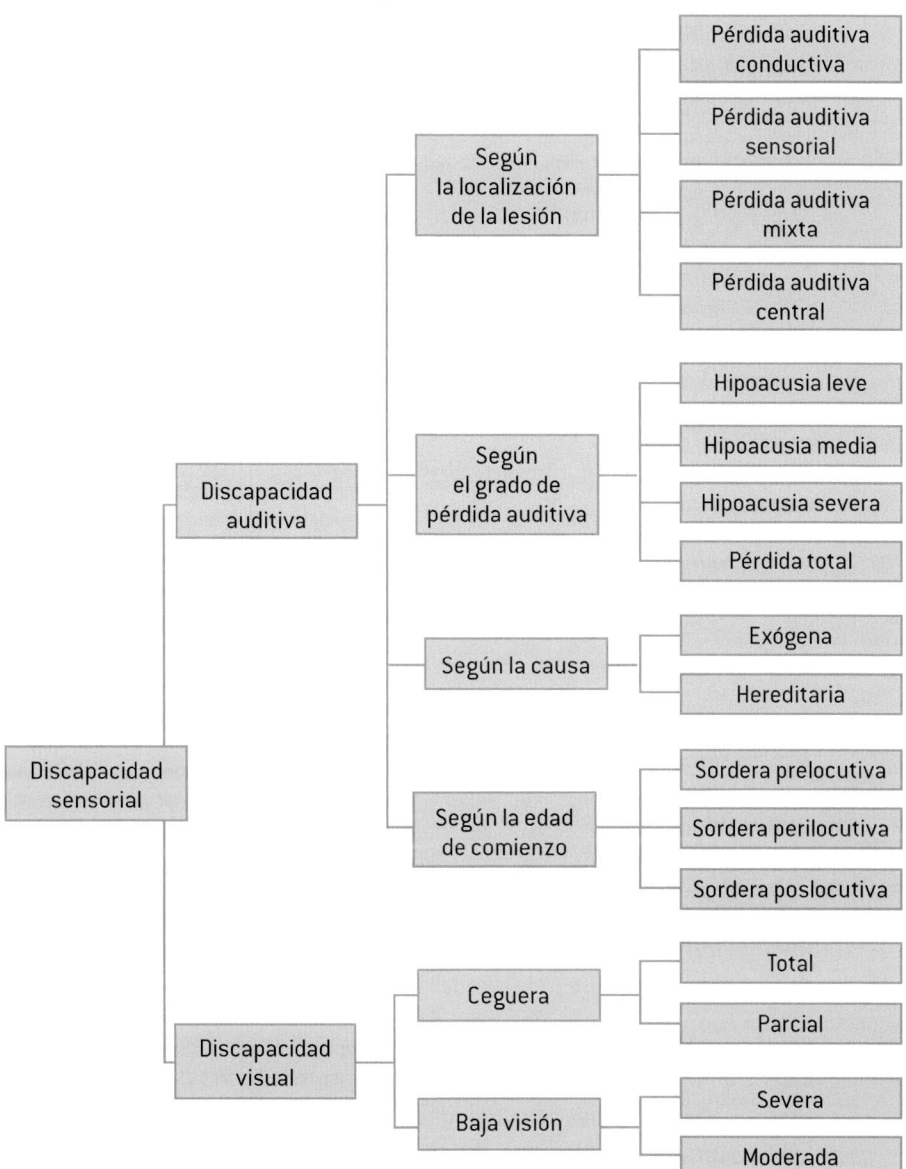

c) Discapacidad psíquica

Las discapacidades psíquicas se agrupan en dos categorías: discapacidad intelectual y trastorno mental.

c.1.*Discapacidad intelectual*

Según la Asociación Americana sobre Discapacidades Intelectuales y del Desarrollo, la discapacidad intelectual se caracteriza por «limitaciones significativas en el funcionamiento intelectual y en la conducta adaptativa, expresada en habilidades conceptuales, sociales y prácticas. La discapacidad intelectual se origina antes de los 18 años».

La discapacidad intelectual se caracteriza por:

- Funcionamiento intelectual significativamente inferior a la media.

- Limitaciones asociadas en dos o más de las siguientes áreas de habilidades adaptativas: comunicación, cuidado personal, vida en el hogar, habilidades sociales, utilización de la comunidad, autogobierno, salud y seguridad, habilidades académicas funcionales, ocio y trabajo.

Las discapacidades intelectuales pueden clasificarse en los siguientes grupos:

- Discapacidad cognitiva leve: CI (cociente intelectual) de 50-55 a 70.

- Discapacidad cognitiva moderada: CI de 35-40 a 50-55.

- Discapacidad cognitiva grave: CI de 20-25 a 35-40.

- Discapacidad cognitiva profunda: CI de 20-25.

c.2. *Trastorno mental*

El trastorno mental podría definirse como una alteración de los procesos cognitivos y afectivos que se traduce en trastornos del comportamiento, del razonamiento, de la adaptación a las condiciones de vida y de la ***comprensión de la realidad.***

El CIE-10 (Clasificación Internacional de Enfermedades, 10.ª Revisión) es la clasificación y codificación de las enfermedades propuesta por la Organización Mundial de la Salud. En el capítulo V del CIE-10 se detallan los trastornos mentales y del comportamiento, incluyendo:

- Trastornos mentales orgánicos, incluidos los trastornos sintomáticos.

- Trastornos mentales y de comportamiento debidos al consumo de psicotrópicos.

- Esquizofrenia, trastornos esquizotípicos y trastornos delirantes.

- Trastornos del humor (afectivos).

- Trastornos neuróticos, trastornos relacionados con el estrés y trastornos somatomorfos.

- Síndromes del comportamiento asociados con alteraciones fisiológicas y factores físicos.

- Trastornos de la personalidad y del comportamiento en adultos.

- Retraso mental.

- Trastornos del desarrollo psicológico.

- Trastornos emocionales y del comportamiento que aparecen habitualmente en la niñez o en la adolescencia.

- Trastornos mentales sin especificar.

Tipos de discapacidad	
FÍSICA	Relacionadas con el cuerpo, miembros y órganos en general.
SENSORIAL	Relacionada con los sentidos, principalmente auditiva y visual.
PSÍQUICA	Discapacidad intelectual: relacionada con las capacidades cognitivas e intelectuales. Trastorno mental: alteración de los procesos y funciones mentales.

Los diferentes tipos de discapacidad (física, sensorial y psíquica) llevan aparejadas distintas necesidades y dificultades para la inserción sociolaboral de las personas con discapacidad. Las capacidades y limitaciones determinarán la posibilidad de acceder a las ocupaciones laborales, dependiendo de la carga física e intelectual de cada una de estas.

Para favorecer el acceso al mercado de trabajo, es necesario evaluar las actitudes, habilidades y competencias de las personas con discapacidad y trabajar para desarrollar aquellas de las que carecen.

Actividad propuesta 1.3.

Señala si las siguientes afirmaciones son verdaderas o falsas:

	V	F
a. La rubeola materna durante el embarazo puede ser causa de hipoacusia hereditaria.		
b. La discapacidad visual sobrevenida mientras se adquiría el lenguaje oral se denomina perilocutiva.		
c. La discapacidad intelectual se caracteriza por un funcionamiento intelectual significativamente inferior a la media y por limitaciones en varias áreas de habilidades adaptativas.		

1.4. El certificado de minusvalía. Utilidad y beneficios para la inserción laboral

El certificado de minusvalía (o certificado de discapacidad) se trata de un documento oficial que acredita la condición legal de persona con discapacidad. El objetivo de dicho certificado es promover la igualdad de oportunidades, compensando las desventajas que implica la discapacidad.

Para que la discapacidad esté reconocida y poder tener acceso a las ayudas, prestaciones y servicios destinados a las personas con discapacidad, se debe tener como mínimo un grado de discapacidad del 33 %.

La normativa legal por la que se rige el certificado de minusvalía es el Real Decreto 888/2022, de 18 de octubre, de procedimiento para el reconocimiento, declaración y calificación del grado de discapacidad (BOE 20 de octubre de 2022). En dicha normativa se establece que, para determinar el grado de discapacidad que corresponde a una persona, se debe utilizar una fórmula que contiene diferentes baremos:

BAREMO	CONTENIDO	CALIFICADORES/ESCALA
Evaluación de las funciones y estructuras corporales/ deficiencia global de la persona (BDGP)	A través de este baremo se valoran las deficiencias de la persona en cuanto a funciones fisiológicas y mentales, así como de los órganos y partes del cuerpo: vista, oído, lenguaje, sistemas internos —respiratorio, digestivo, etc.—, huesos, músculos y piel.	0 = Insignificante 1 = Leve 2 = Moderado 3 = Grave 4 = Total
Evaluación de las capacidades/ limitaciones en la actividad (BLA)	A través de este baremo se evalúa la capacidad para desenvolverse en las actividades más básicas de la vida diaria, "comparándola con la manera, extensión o intensidad que se espera que una persona sin esa condición de salud", valorando el esfuerzo requerido para llevarlas a cabo y el posible grado de dolor. Se incluye el autocuidado y la movilidad.	0 a 4 % (ninguna, insignificante) = No hay dificultad 5 a 24 % (poca, escasa) = Dificultad leve 25 a 49 % (media, regular) = Dificultad moderada 50 a 95 % (mucho, extrema) = Dificultad grave 96 a 100 % (total) = Dificultad completa
Evaluación del desempeño/ restricciones en la participación (BRP-QD)	En este baremo se valoran las limitaciones de la persona en su entorno real y los posibles problemas para implicarse en situaciones vitales. Las conclusiones se extraen a partir de un cuestionario que realiza la propia persona.	Inferior al 5 % = No hay dificultad, o insignificante Entre 5 y 24 % = Dificultad ligera, leve, poco… Entre 25 y 49 % = Dificultad moderada Entre 50 y 95 % = Dificultad grave Mayor del 95 % = Dificultad total, completa…

BAREMO	CONTENIDO	CALIFICADORES/ESCALA
Evaluación de los factores contextuales/ barreras ambientales (BFCA)	Este cuarto baremo se centra en factores tanto personales como externos que puedan tener una influencia positiva o negativa (barreras).	0. Ninguna, insignificante: no hay barrera 1. Poca, escasa: barrera leve 2. Media, regular: barrera moderada 3. Extrema: barrera grave 4. Total: barrera completa
Baremo de limitación grave y total en el dominio de autocuidado (BLGTAA)	Este baremo se enfoca en personas con un porcentaje de discapacidad igual o superior al 75%, y que se considera que necesitan la ayuda de terceras personas en su vida cotidiana. A ellas se les puede reconocer un GDA (grado de discapacidad ajustado) de diferentes niveles, según gravedad.	BLGTAA (25-39%) GDA del 75% BLGTAA (40-54%) GDA del 85% BLGTAA (55-74%) GDA del 95% BLGTAA (75%) GDA del 96%
Baremo de limitaciones en las actividades de movilidad (BLAM)	Este baremo se emplea para certificar la movilidad reducida. Cuando se asigne una limitación final de movilidad igual o superior al 25% se determinará que la persona tiene, oficialmente, movilidad reducida y dificultades para utilizar el transporte colectivo.	Igual o superior a 25% = Movilidad reducida y dificultades para utilizar transportes colectivos

CLASE (tipo)	DISCAPACIDAD (grado)	BDGP (deficiencias)	BLA (autocuidado)	BRP-QD (entorno)	BLGTAA (dependencia)
0	Nula	0-4%	0-4%	0-4%	-
1	Leve	5-24%	5-24%	5-24%	-
2	Moderada	25-49%	25-49%	25-49%	0-4%
3	Grave	50-95%	50-95%	50-95%	5-74%
4	Total	96-100%	96-100%	96-100%	75% o más

Los certificados de minusvalía suponen la posibilidad de acceder a una serie de recursos y beneficios de diversa índole: prestaciones económicas, reducciones y/o extinciones en el pago de impuestos o tasas, becas, acceso a servicios sociales, etcétera.

La evaluación de las situaciones de discapacidad y la calificación de su grado se efectúa previo examen de la persona interesada, por equipos multiprofesionales.

Los principales beneficios y utilidades del certificado de discapacidad para la inserción laboral son:

a) Reserva de plazas para trabajadores con discapacidad: las empresas públicas y privadas que empleen a un número de 50 o más trabajadores están obligadas a una reserva de un porcentaje de plazas para minusválidos. En la Administración pública se reserva un 7 %, y en las empresas privadas, al menos, el 2 % de las plazas.

b) Acciones para el fomento de la contratación de personas con discapacidad: la contratación de personas con discapacidad conlleva algunas ventajas fiscales para la empresa. Dependiendo del tipo de contratación, la empresa podrá beneficiarse de diferentes ayudas, bonificaciones y/o subvenciones.

c) Centros especiales de empleo (CEE): son entidades en las que al menos el 70 % de sus trabajadores son personas con discapacidad. Habitualmente, estas empresas están promovidas por asociaciones de personas con discapacidad y/o sus familiares.

d) Centros ocupacionales (CO): son centros que tienen como objetivo prestar una terapia ocupacional (no un empleo) para aquellos trabajadores con discapacidad que no están preparados para trabajar en un centro especial de empleo.

e) Programa de empleo con apoyo: es un servicio prestado por preparadores laborales especializados y consiste en el conjunto de acciones de orientación y acompañamiento individualizado en el puesto de trabajo. Su objetivo es facilitar la inserción laboral de trabajadores con discapacidad en condiciones similares al resto de los trabajadores.

f) Programa de formación profesional ocupacional para personas con discapacidad: su finalidad es proporcionar las cualificaciones requeridas por el mercado de trabajo para permitir la inserción o promoción laboral de las personas con discapacidad.

Reconocimiento del grado de discapacidad

Tras las pruebas completas de valoración, y después de aplicar los diferentes baremos, a la persona se le facilitará su GFD (grado final de discapacidad), expresado en un porcentaje y enmarcado en una de estas las clases. Un 33 % o superior es el porcentaje mínimo que actualmente es necesario para acceder a los beneficios sociales y fiscales correspondientes.

Tarjetas acreditativas

En algunas comunidades autónomas de España se expiden tarjetas acreditativas del grado de discapacidad, las cuales sirven como documento probatorio del grado de discapacidad de su titular. Estas tarjetas tienen el mismo valor que el certificado en papel, permitiendo al usuario llevarla consigo en todo momento para acreditar su condición de persona con discapacidad, pudiendo presentarla para realizar cualquier trámite administrativo que lo requiera.

Las tarjetas acreditativas tendrán una vigencia temporal o permanente, en función a la vigencia concedida en la resolución del grado de discapacidad.

Las tarjetas son personales e intransferibles (deben presentarse junto al DNI del titular) e incluyen información como:

- Nombre, apellidos y DNI (o NIE) del titular.

- Grado de discapacidad (porcentaje), validez y baremo de movilidad.

> **Actividad propuesta 1.4.**
>
> Si una persona tiene reconocido un grado de discapacidad del 33 %, ¿es independiente en las tareas de autocuidado?

1.5. Discapacidad y dependencia. La Ley de Promoción de la Autonomía Personal y Atención a las personas en situación de dependencia

La Ley 39/2006, de 14 de diciembre, de Promoción de la Autonomía Personal y Atención a las personas en situación de dependencia se desarrolló con el objetivo de conseguir una mejor calidad de vida y autonomía personal de las personas en situación de dependencia, en un marco de efectiva igualdad de oportunidades.

La Ley de Promoción de la Autonomía Personal y Atención a las personas en situación de dependencia se inspira en los siguientes principios:

- El carácter público de las prestaciones del Sistema para la Autonomía y Atención a la Dependencia.

- La universalidad en el acceso de todas las personas en situación de dependencia, en condiciones de igualdad efectiva y no discriminación.

- La atención a las personas en situación de dependencia de forma integral e integrada.

- La transversalidad de las políticas de atención a las personas en situación de dependencia.

- La valoración de las necesidades de las personas, atendiendo a criterios de equidad.

- La personalización de la atención.

- El establecimiento de las medidas adecuadas de prevención, rehabilitación, estímulo social y mental.

- La promoción de las condiciones precisas para que las personas en situación de dependencia puedan llevar una vida con el mayor grado de autonomía posible.

- La permanencia de las personas en situación de dependencia, siempre que sea posible, en el entorno en el que desarrollan su vida.

- La calidad, sostenibilidad y accesibilidad de los servicios de atención a las personas en situación de dependencia.

- La participación de las personas en situación de dependencia y, en su caso, de sus familias y entidades que les representen.

- La colaboración de los servicios sociales y sanitarios en la prestación de los servicios a los usuarios del Sistema para la Autonomía y Atención a la Dependencia.

- La participación de la iniciativa privada en los servicios y prestaciones de promoción de la autonomía personal y atención a la situación de dependencia.

- La participación del tercer sector en los servicios y prestaciones de promoción de la autonomía personal y atención a la situación de dependencia.

- La cooperación interadministrativa.

- La integración de las prestaciones establecidas en la ley en las redes de servicios sociales de las comunidades autónomas y la garantía de su oferta mediante centros y servicios públicos o privados concertados.

- La inclusión de la perspectiva de género.

- Las personas en situación de gran dependencia serán atendidas de manera preferente.

La **situación de dependencia** se entiende como el estado permanente en que se encuentran las personas que, por razones derivadas de la edad, la enfermedad o la discapacidad, y ligadas a la falta o a la pérdida de autonomía física, mental, intelectual o sensorial, precisan de la atención de otra u otras personas o ayudas para realizar actividades básicas de la vida diaria o, en el caso de las personas con discapacidad intelectual o enfermedad mental, de otros apoyos para su autonomía personal.

Las **actividades básicas de la vida diaria** son las tareas más elementales de la persona, que le permiten desenvolverse con un mínimo de autonomía e independencia, tales como:

- Cuidado personal.
- Actividades domésticas básicas.
- Movilidad esencial.
- Reconocer personas y objetos.
- Orientarse.
- Entender y ejecutar órdenes o tareas sencillas.

En función de la ayuda que las personas requieran para desarrollar algunas de estas actividades básicas de la vida diaria, su situación de dependencia se clasifica en:

a) **Grado I. Dependencia moderada:** cuando la persona necesita ayuda para realizar varias actividades básicas de la vida diaria, al menos una vez al día o tiene necesidades de apoyo intermitente o limitado para su autonomía personal.

b) **Grado II. Dependencia severa:** cuando la persona necesita ayuda para realizar varias actividades básicas de la vida diaria dos o tres veces al día, pero no quiere el apoyo permanente de un cuidador o tiene necesidades de apoyo extenso para su autonomía personal.

c) **Grado III. Gran dependencia:** cuando la persona necesita ayuda para realizar varias actividades básicas de la vida diaria varias veces al día y, por su pérdida total de autonomía física, mental, intelectual o sensorial, necesita el apoyo indispensable y continuo de otra persona o tiene necesidades de apoyo generalizado para su autonomía personal.

El Sistema para la Autonomía y Atención a la Dependencia ofrece, dependiendo de los casos, prestaciones económicas o servicios:

a. Catálogo de servicios:
- Servicios de prevención.
- Servicio de teleasistencia.
- Servicio de ayuda a domicilio.
- Servicio de centros de día y de noche.
- Servicio de atención residencial.

b. Prestaciones económicas:
- Se concede cuando no es posible el acceso a un servicio público o concertado de atención y cuidado, en función del grado y nivel de dependencia y de la capacidad económica del beneficiario.

- Prestación económica para cuidados en el entorno familiar y apoyo a cuidadores no profesionales.

- Prestación económica de asistencia personal (personas con gran dependencia).

La Ley 39/2006, de 14 de diciembre, de Promoción de la Autonomía Personal y Atención a las personas en situación de dependencia establecía que la valoración de la situación de dependencia sería realizada por las comunidades autónomas, las cuales determinarían los órganos de valoración de la situación de dependencia. Estos órganos de valoración deberían emitir un dictamen sobre el grado y nivel de dependencia, con especificación de los cuidados que la persona pueda requerir.

1.6. Protección económica de la discapacidad. Ayudas y prestaciones económicas

La protección económica de la discapacidad tiene como finalidad garantizar el derecho a la igualdad de oportunidades y de trato de las personas con discapacidad, equilibrando las condiciones respecto del resto de ciudadanos.

Las ayudas y prestaciones económicas que las personas con discapacidad tienen derecho a percibir dependerán de la normativa vigente en cada momento y del grado de discapacidad.

La protección económica de las personas con discapacidad en el Estado español se realiza desde diferentes vías: sistema de Seguridad Social, beneficios fiscales y otras ayudas públicas.

a. Sistema de Seguridad Social

Las prestaciones o pensiones procedentes del sistema de Seguridad Social pueden ser contributivas o no contributivas:

- *Prestaciones contributivas:*

Son prestaciones económicas cuya concesión está supeditada al cumplimiento de una serie de requisitos, como la existencia de una relación jurídica previa con la Seguridad Social (acreditar un periodo mínimo de cotización). Dentro de esta modalidad, se incluyen las siguientes pensiones:

— Por incapacidad permanente: total, absoluta y gran invalidez. Estas prestaciones pretenden cubrir la pérdida de rentas salariales o profesionales que sufre una persona, cuando estando afectada por un proceso patológico o traumático derivado de una enfermedad o accidente, ve reducida o anulada su capacidad laboral.

— Por jubilación.

— Por fallecimiento: viudedad, orfandad y en favor de familiares.

- *Pensiones no contributivas:*

  Son prestaciones económicas concedidas a aquellas personas que carezcan de recursos suficientes para su subsistencia, aun cuando no hayan cotizado nunca o el tiempo suficiente para alcanzar las prestaciones contributivas. Dentro de esta modalidad, se encuentran las siguientes pensiones:

  — Invalidez. Los requisitos para obtener una pensión no contributiva por invalidez son: carecer de ingresos suficientes, tener entre 18 y 65 años, residir en Español y haberlo hecho durante un periodo de cinco años (de los cuales, dos han de ser consecutivos e inmediatamente anteriores a la fecha de la solicitud) y tener un grado de discapacidad igual o superior al 65 %.

  — Jubilación.

b. Beneficios fiscales

Las personas con discapacidad pueden beneficiarse de reducciones y/o exenciones en el pago de determinados impuestos y tasas como:

- Reducciones del IRPF (impuesto sobre la renta de las personas físicas).
- Reducciones del IVA (impuesto sobre el valor añadido) para la adquisición de un vehículo para el uso de las personas con discapacidad.
- Reducción por aportaciones a patrimonios protegidos o planes de pensiones constituidos a favor de personas con discapacidad.
- Deducción por obras de adaptación de la vivienda.
- Exención del impuesto de matriculación de vehículos.
- Exención del impuesto de circulación de vehículos.
- Reserva de un porcentaje de VPO (viviendas de protección oficial) para personas con discapacidad.
- Exención de las tasas universitarias.

c. **Otras ayudas económicas**

Otras ayudas o prestaciones económicas de las que pueden beneficiarse las personas con discapacidad son:

- Tarifas especiales en el abono de transportes públicos.

- Becas para estudiantes universitarios con discapacidad.

- Entradas a precios reducidos para actos relacionadas con ocio y tiempo libre.

- Prestaciones familiares por hijo/a con discapacidad a cargo. Esta prestación la pueden recibir aquellas familias cuyo hijo/a está en alguno de estos tres casos:

  — Menores de 18 años con 33 % o más de discapacidad.

  — Mayores de 18 años con 65 % o más de discapacidad.

  — Mayores de 18 años con 75 % o más de discapacidad y necesidad de ayuda de otra persona.

RESUMEN

— Las personas con discapacidad incluyen a aquellas que tengan deficiencias físicas, mentales, intelectuales o sensoriales a largo plazo que, al interactuar con diversas barreras, puedan impedir su participación plena y efectiva en la sociedad, en igualdad de condiciones con las demás.

— La Organización Mundial de la Salud (OMS) publicó en 1980 la Clasificación Internacional de Deficiencias, Discapacidades y Minusvalías (CIDDM), el cual era un modelo lineal que señalaba a las deficiencias como causa de las discapacidades y estas como origen de las minusvalías.

— La revisión de la CIDDM culminó con la aprobación en 2001 de la Clasificación Internacional del Funcionamiento, de la Discapacidad y de la Salud (CIF) que proponía el Modelo del funcionamiento y de la discapacidad.

— El Modelo del funcionamiento y de la discapacidad tiene en cuenta la relación entre todos los componentes: funciones y estructuras corporales, actividades y participación y factores ambientales.

— Las discapacidades pueden clasificarse según su origen (por nacimiento o sobrevenida) o según su tipología (discapacidades físicas, sensoriales y psíquicas).

— El certificado de minusvalía (o certificado de discapacidad) se trata de un documento oficial que acredita la condición legal de persona con discapacidad. Para que la discapacidad esté reconocida legalmente, se debe tener como mínimo un grado de discapacidad del 33 %.

— La Ley 39/2006, de 14 de diciembre, de Promoción de la Autonomía Personal y Atención a las personas en situación de dependencia se desarrolló con el objetivo de conseguir una mejor calidad de vida y autonomía personal de las personas en situación de dependencia.

— La protección económica de la discapacidad tiene como finalidad garantizar el derecho a la igualdad de oportunidades y de trato de las personas con discapacidad. La protección económica de las personas con discapacidad en el estado español se realiza desde diferentes vías: sistema de Seguridad Social, beneficios fiscales y otras ayudas públicas.

AUTOEVALUACIÓN

1.1. ¿Cómo se denomina la pérdida o anormalidad de una estructura o función psicológica, fisiológica o anatómica?

a) Deficiencia.

b) Discapacidad.

c) Minusvalía.

1.2. Para obtener el certificado de minusvalía, ¿qué porcentaje de discapacidad se debe tener reconocido?

a) Cualquier grado de minusvalía.

b) 33 %.

c) 55 %.

1.3. Señala la opción correcta en relación al modelo propuesto en la Clasificación Internacional de Deficiencias, Discapacidades y Minusvalías (CIDDM).

a) No una relación de causalidad directa entre deficiencia y discapacidad.

b) Es lineal.

c) Tiene una perspectiva positiva.

1.4. Cuando se dice que la Clasificación Internacional del Funcionamiento, de la Discapacidad y de la Salud (CIF) se utiliza para la planificación de sistemas de seguridad social, su aplicación es como herramienta...

a) Estadística.

b) Clínica.

c) De política social.

1.5. Dentro de los factores contextuales de la CIF se encuentran:

a) Factores ambientales y personales.

b) Actividades y participación.

c) Funciones y estructuras corporales.

1.6.   ¿Cómo se denomina el tipo de discapacidad adquirida por enfermedad o accidente?

a)   Física.

b)   Congénita.

c)   Sobrevenida.

1.7.   ¿Cómo se denomina la discapacidad auditiva en la que el umbral de audición se encuentra entre 70 y 90 dB?

a)   Hipoacusia severa.

b)   Hipoacusia media.

c)   Pérdida profunda.

1.8.   Cuando la discapacidad auditiva es posterior a los tres años de edad, se denomina:

a)   Sordera prelocutiva.

b)   Sordera perilocutiva.

c)   Sordera poslocutiva.

1.9.   ¿Entre qué valores se encuentra el cociente intelectual de una persona con discapacidad cognitiva leve?

a)   CI de 65 a 85.

b)   CI de 50-55 a 70.

c)   CI de 35-40 a 50-55.

1.10.   La Ley de Promoción de la Autonomía Personal y Atención a las personas en situación de dependencia considera que cuando la persona necesita ayuda para realizar varias actividades básicas de la vida diaria dos o tres veces al día, pero no quiere el apoyo permanente de un cuidador, tiene un grado de discapacidad:

a)   Grado I. Dependencia moderada.

b)   Grado II. Dependencia severa.

c)   Grado III. Gran dependencia.

CASO PRÁCTICO

Protección económica de la discapacidad. Acceso a ayudas y prestaciones para una persona con discapacidad en España.

CONTEXTO

María es una joven de 23 años que vive en España y tiene una discapacidad física que le impide trabajar a tiempo completo. Ella y su familia están interesadas en conocer las ayudas y prestaciones económicas disponibles para personas con discapacidad para ayudarla a mantenerse económicamente independiente.

María vive en Madrid. A los 20 años, María sufrió un accidente automovilístico que resultó en una lesión medular, dejándola con paraplejia y movilidad limitada en las extremidades inferiores. Como resultado, María utiliza una silla de ruedas para moverse y requiere asistencia para realizar algunas actividades de la vida diaria, como vestirse y desplazarse largas distancias.

En cuanto a su estado civil, María está soltera y no tiene hijos. Vive con su madre, quien se encarga de ayudarla en su día a día y proporcionarle apoyo emocional y físico.

En cuanto a su nivel educativo, María completó la educación secundaria y obtuvo un título de Grado Medio en Administración de empresas antes de su accidente. Sin embargo, debido a su discapacidad y las dificultades de movilidad asociadas, María ha tenido dificultades para encontrar empleo en su campo de estudio y ha estado desempleada durante los últimos años.

En cuanto a su situación económica actual, María y su madre dependen principalmente del salario de su madre, el cual es insuficiente para cubrir todos sus gastos, incluidos los relacionados con su discapacidad, como la compra de medicamentos, el mantenimiento de su silla de ruedas y las adaptaciones necesarias en su hogar para mejorar su accesibilidad y calidad de vida. Debido a su situación económica precaria, María está interesada en explorar otras ayudas y prestaciones disponibles para personas con discapacidad que puedan ayudarla a cubrir sus necesidades financieras y mejorar su bienestar general.

ACTIVIDADES

1. Identificación de la situación de María.

    •   Revisa la situación personal y laboral de María, incluidos su discapacidad, su estado civil, su nivel educativo y su situación económica actual.

    •   Evalúa las necesidades específicas de María en términos de apoyo financiero y recursos adicionales para ayudarla a vivir de manera independiente.

2. Investigación de ayudas y prestaciones disponibles.

    •   Realiza una búsqueda en internet y analiza las diferentes ayudas y prestaciones económicas disponibles en España para personas con discapacidad.

    •   Identifica programas estatales o autonómicos, beneficios sociales, subvenciones y otras formas de apoyo financiero de los que María podría ser beneficiaria.

3. Evaluación de requisitos y procedimientos de solicitud.

    •   Revisa los requisitos de elegibilidad y los procedimientos de solicitud para cada ayuda o prestación identificada.

    •   Determina qué documentos y evidencia son necesarios para respaldar la solicitud de María y cómo puede completar el proceso de solicitud de manera efectiva.

GLOSARIO

- **Actividades básicas de la vida diaria (ABVD):** tareas más elementales de la persona que le permiten desenvolverse con un mínimo de autonomía e independencia, tales como el cuidado personal, las actividades domésticas básicas, la movilidad esencial, reconocer personas y objetos, orientarse, entender y ejecutar órdenes o tareas sencillas.

- **Dependencia:** estado de carácter permanente en que se encuentran las personas que, por razones derivadas de la edad, la enfermedad o la discapacidad, y ligadas a la falta o a la pérdida de autonomía física, mental, intelectual o sensorial, precisan de la atención de otra u otras personas o ayudas importantes para realizar actividades básicas de la vida diaria o, en el caso de las personas con discapacidad intelectual o enfermedad mental, de otros apoyos para su autonomía personal.

- **Discapacidad:** situación que resulta de la interacción entre las personas con deficiencias previsiblemente permanentes y cualquier tipo de barreras que limiten o impidan su participación plena y efectiva en la sociedad, en igualdad de condiciones con las demás.

- **Igualdad de oportunidades:** ausencia de toda discriminación, directa o indirecta, por motivo de o por razón de discapacidad, incluida cualquier distinción, exclusión o restricción que tenga el propósito o el efecto de obstaculizar o dejar sin efecto el reconocimiento, goce o ejercicio en igualdad de condiciones por las personas con discapacidad de todos los derechos humanos y libertades fundamentales en los ámbitos político, económico, social, laboral, cultural, civil o de otro tipo.

- **Inclusión social:** principio en virtud del cual la sociedad promueve valores compartidos orientados al bien común y a la cohesión social, permitiendo que todas las personas con discapacidad tengan las oportunidades y recursos necesarios para participar plenamente en la vida política, económica, social, educativa, laboral y cultural, y para disfrutar de unas condiciones de vida en igualdad con los demás.

- **Normalización:** es el principio en virtud del cual las personas con discapacidad deben poder llevar una vida en igualdad de condiciones, accediendo a los mismos lugares, ámbitos, bienes y servicios que están a disposición de cualquier otra persona.

- **Vida independiente:** es la situación en la que la persona con discapacidad ejerce el poder de decisión sobre su propia existencia y participa activamente en la vida de su comunidad, conforme al derecho al libre desarrollo de la personalidad.

MAPA CONCEPTUAL

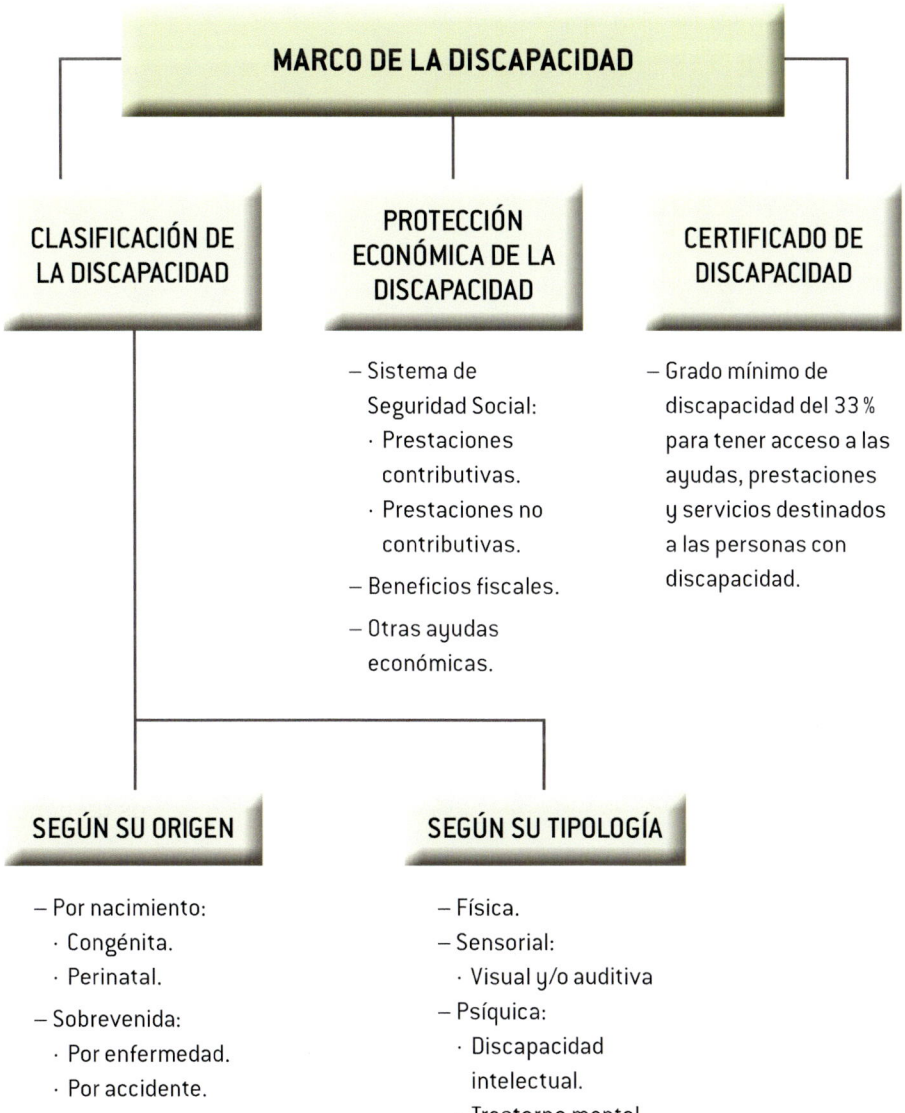

MARCO DE LA DISCAPACIDAD

CLASIFICACIÓN DE LA DISCAPACIDAD

PROTECCIÓN ECONÓMICA DE LA DISCAPACIDAD

— Sistema de Seguridad Social:
  · Prestaciones contributivas.
  · Prestaciones no contributivas.
— Beneficios fiscales.
— Otras ayudas económicas.

CERTIFICADO DE DISCAPACIDAD

— Grado mínimo de discapacidad del 33 % para tener acceso a las ayudas, prestaciones y servicios destinados a las personas con discapacidad.

SEGÚN SU ORIGEN

— Por nacimiento:
  · Congénita.
  · Perinatal.
— Sobrevenida:
  · Por enfermedad.
  · Por accidente.

SEGÚN SU TIPOLOGÍA

— Física.
— Sensorial:
  · Visual y/o auditiva
— Psíquica:
  · Discapacidad intelectual.
  · Trastorno mental.

2. Recursos sociolaborales y formativos para personas con discapacidad

Introducción

La inserción sociolaboral de las personas con discapacidad es fundamental para evitar su exclusión social. La exclusión social es el polo opuesto a la inclusión y se entiende como una situación en la que interviene tanto la persona excluida como la sociedad en la que vive. La sociedad impone una serie de obstáculos a determinados colectivos vulnerables, como por ejemplo, barreras en el acceso a la formación y al empleo. Uno de los principales factores de riesgo en la exclusión social es la discapacidad.

Bajo el concepto de discapacidad se engloban diversas limitaciones que pueden dificultar en diferente grado las actividades de la persona que las padecen. En la mayor parte de los casos, las personas con discapacidad en edad laboral presentan limitaciones parciales que no impiden su inserción sociolaboral. Para contribuir a la inserción de las personas con discapacidad, es necesaria la gestión de los recursos sociolaborales y formativos existentes.

Contenido

2.1. Modalidades de integración sociolaboral

Uno de los objetivos de las políticas de empleo es aumentar las tasas de actividad y de ocupación de las personas con discapacidad, así como mejorar la calidad del empleo y las condiciones de trabajo de este colectivo.

La Ley General de derechos de las personas con discapacidad y de su inclusión social estableció que las políticas de empleo deben perseguir la integración laboral de las personas con discapacidad mediante la inserción en el sistema ordinario de trabajo o, en el caso de que no puedan ejercer su actividad laboral en las condiciones habituales, integrarlos en el sistema productivo mediante fórmulas especiales de empleo.

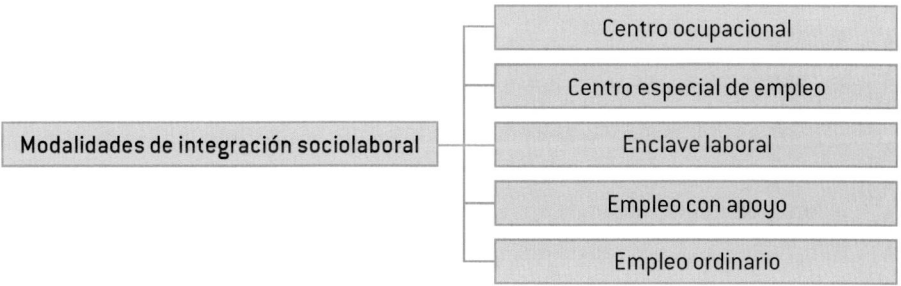

2.1.1. Centros ocupacionales

La Ley General de derechos de las personas con discapacidad y de su inclusión social contempla a los centros ocupacionales como una alternativa laboral para las personas con discapacidad, estableciendo en su artículo 52 que «Los centros ocupacionales tienen como finalidad asegurar los servicios de terapia ocupacional y de ajuste personal y social a las personas con discapacidad con el objeto de lograr su máximo desarrollo personal y, en los casos en los que fuera posible, facilitar su capacitación y preparación para el acceso al empleo. Igualmente prestarán estos servicios a aquellos trabajadores con discapacidad que habiendo desarrollado una actividad laboral específica no hayan conseguido una adaptación satisfactoria o hayan sufrido un empeoramiento en su situación que haga aconsejable su integración en un centro ocupacional».

La creación y sostenimiento de los centros ocupacionales es competencia tanto de la Administraciones públicas como de las instituciones o personas jurídicas privadas sin ánimo de lucro.

Algunas de las principales características de este tipo de centros es:

- Los centros ocupacionales constituyen un servicio social para el desarrollo personal de las personas con discapacidad con el objetivo de lograr, dentro de las posibilidades de cada uno, la superación de los obstáculos que la minusvalía les supone.

- Los centros ocupacionales no tendrán carácter de centros de trabajo para las personas con discapacidad.

- Su finalidad es asegurar los servicios de:

  a) Terapia ocupacional:

     Son aquellas actividades o labores, no productivas, realizadas por minusválidos, de acuerdo con sus condiciones individuales, bajo la orientación del personal técnico del centro encaminadas a la obtención de objetos, productos o servicios que no sean, regularmente, objeto de operaciones de mercado.

  b) Servicios de ajuste personal y social:

     Son aquellos servicios encaminados a dotar de una mayor habilitación personal y una mejor adaptación en su relación social a las personas con discapacidad.

2.1.2. Centro especial de empleo

El artículo 43 de la a Ley General de derechos de las personas con discapacidad y de su inclusión social, establece que «Los centros especiales de empleo son aquellos cuyo objetivo principal es el de realizar una actividad productiva de bienes o de servicios, participando regularmente en las operaciones del mercado, y tienen como finalidad el asegurar un empleo remunerado para las personas con discapacidad; a la vez que son un medio de inclusión del mayor número de estas personas en el régimen de empleo ordinario. Igualmente, los centros especiales de empleo deberán prestar, a través de las unidades de apoyo, los servicios de ajuste personal y social que requieran las personas trabajadoras con discapacidad, según sus circunstancias y conforme a lo que se determine reglamentariamente».

En resumen, los centros especiales de empleo (CEE) son entidades cuyo fin es facilitar la integración laboral de las personas con discapacidad en el mercado ordinario de trabajo, mediante la realización de un trabajo productivo y remunerado, adecuado a sus características personales.

Los servicios de ajuste personal y social prestados por el centro son aquellos que permitan ayudar a superar las barreras, obstáculos o dificultades que las personas trabajadoras con discapacidad de los centros especiales de empleo tengan en el proceso de incorporación a un puesto de trabajo, así como en la permanencia y progresión en el mismo. Igualmente, se encontrarán comprendidos aquellos dirigidos a la inclusión social, cultural y deportiva.

La plantilla de los centros especiales de empleo deberá estar constituida por el mayor número de trabajadores con discapacidad que permita la naturaleza del proceso productivo (en todo caso, por el 70 % de la plantilla). A estos efectos no se contempla el personal sin discapacidad dedicado a la prestación de servicios de ajuste personal y social. La relación laboral de los trabajadores con discapacidad que presten sus servicios en los centros especiales de empleo es de carácter especial, conforme al artículo 2.1.g) de Texto Refundido de la Ley del Estatuto de los Trabajadores.

Los centros especiales de empleo pueden ser creados tanto por organismos públicos y privados como por las empresas, siempre con sujeción a las normas legales, reglamentarias y convencionales que regulen las condiciones de trabajo. Considerando las características que concurren en los centros especiales de empleo y para que estos puedan cumplir su función social, las Administraciones públicas pueden establecer compensaciones económicas destinadas a estos centros para ayudar a la viabilidad de los mismos.

Actividad propuesta 2.1.

Completa la siguiente frase:

Los centros especiales de empleo son aquellos que tienen por objetivo principal realizar un trabajo _____, participando regularmente en las operaciones del mercado, teniendo como finalidad asegurar un trabajo _____ y la prestación de servicios de _____ que requieran sus trabajadores discapacitados.

2.1.3. Enclaves laborales

Los enclaves laborales suponen una vía de transición desde el empleo protegido en un centro especial de empleo al empleo ordinario en los casos de discapacitados con especiales dificultades de inserción en el mercado laboral ordinario.

Los enclaves laborales se configuran como una subcontratación de obras o servicios entre un centro especial de empleo y una empresa ordinaria, que se acompaña de determinadas cautelas y garantías ligadas al colectivo al que se dirige.

De esta manera, los enclaves laborales le brindan la oportunidad al trabajador con discapacidad de desempeñar tareas y funciones en un entorno del mercado laboral ordinario, mejorando su experiencia profesional.

Durante la vigencia del enclave, los trabajadores discapacitados que desempeñen sus trabajos en las empresas colaboradoras seguirán manteniendo su relación laboral de carácter especial con el centro especial de empleo. Aun así, la empresa podrá contratar al trabajador en cualquier momento (existiendo incentivos para dicha contratación).

Requisitos de los centros especiales de empleo

Pueden realizar enclaves laborales los centros especiales de empleo, calificados e inscritos como tales, que lleven inscritos en el registro correspondiente al menos seis meses y que hayan desarrollado su actividad de forma continuada en los seis meses anteriores a la celebración del contrato.

El centro especial de empleo no puede tener como actividad exclusiva la derivada de uno o más enclaves determinados, sino que deberá mantener una actividad propia como tal centro especial de empleo.

Requisitos de las empresas colaboradoras

Pueden actuar como empresa colaboradora cualquier empresa del mercado ordinario de trabajo que formalice con un centro especial de empleo el contrato de enclave laboral.

Contrato entre el centro especial de empleo y la empresa colaboradora

Para la realización del enclave laboral, el centro especial de empleo y la empresa colaboradora deben suscribir un contrato, que deberá formalizarse por escrito, con el siguiente contenido mínimo:

- Identificación de ambas partes (denominación social, domicilio, número de identificación fiscal y código de cuenta de cotización a la Seguridad Social).

- Determinación precisa de la obra o servicio objeto del contrato y de la actividad en la que, dentro de la organización general de la empresa colaboradora, vayan a ser ocupados los trabajadores destinados al enclave.

- Datos identificativos del centro de trabajo donde se va a realizar la obra o prestar el servicio.

- Duración prevista para el enclave.

- Número de trabajadores con discapacidad que se ocuparán en el enclave.

- Precio convenido.

Duración del enclave laboral

La duración mínima del enclave será de tres meses y la duración máxima de tres años, y se podrá prorrogar por periodos no inferiores a tres meses hasta alcanzar la indicada duración máxima.

Transcurridos los tres años de duración máxima, el enclave solo podrá prorrogarse si el centro especial de empleo acreditara que la empresa colaboradora u otra empresa del mercado ordinario de trabajo hubieran contratado con carácter indefinido a trabajadores con discapacidad del enclave, según la siguiente proporción:

- En enclaves que ocupen hasta veinte trabajadores: un trabajador, como mínimo.

- En enclaves que ocupen a un número superior de trabajadores: dos trabajadores, como mínimo.

La duración mínima de la prórroga será de tres meses y la duración máxima de tres años. No podrá prorrogarse el enclave ni iniciarse uno nuevo para la misma actividad si se hubiera llegado a la duración máxima total de seis años, incluido el periodo de prórroga establecido en el párrafo anterior.

Trabajadores destinados al enclave

El enclave estará formado por trabajadores con discapacidad del centro especial de empleo, que serán seleccionados por este. El 60 %, como mínimo, de los trabajadores del enclave deberá presentar especiales dificultades para el acceso al mercado ordinario de trabajo. Los demás trabajadores del enclave deberán ser trabajadores con discapacidad con un grado de minusvalía reconocido igual o superior al 33 %.

El 75 %, como mínimo, de los trabajadores del enclave deberá tener una antigüedad mínima de tres meses en el centro especial de empleo.

Medidas para el tránsito del empleo protegido al empleo en el mercado de trabajo ordinario

El Real Decreto 290/2004, de 20 de febrero, por el que se regulan los enclaves laborales como medida de fomento del empleo de las personas con discapacidad, indica lo siguiente en relación a las medidas para el tránsito del empleo protegido al empleo en el mercado de trabajo ordinario:

Medidas para el tránsito del empleo protegido al empleo en el mercado de trabajo ordinario (Real Decreto 290/2004, de 20 de febrero)

Artículo 11. Incorporación a la empresa colaboradora

1. *La empresa colaboradora podrá contratar a trabajadores del enclave en cualquier momento, preferentemente con carácter indefinido, aunque se podrán concertar contratos de otras modalidades si resultan procedentes.*

2. *En los supuestos a que se refiere este artículo, no podrá concertarse periodo de prueba, salvo que el trabajador vaya a realizar funciones completamente distintas de las que realizaba en el enclave.*

3. *El trabajador, al ingresar en la empresa colaboradora, pasará a la situación de excedencia voluntaria en el centro especial de empleo en las condiciones que establezca el convenio colectivo de aplicación o, en su defecto, el artículo 46.2 y 5 del texto refundido de la Ley del Estatuto de los Trabajadores, aprobado por el Real Decreto Legislativo 1/1995, de 24 de marzo.*

Artículo 12. Incentivos para la contratación por la empresa colaboradora de trabajadores con discapacidad que presentan especiales dificultades para el acceso al mercado ordinario de trabajo

1. *Las empresas colaboradoras que contraten con carácter indefinido a un trabajador del enclave con discapacidad que presente especiales dificultades para el acceso al mercado ordinario de trabajo incluido en el artículo 6.2.a) o b) tendrán derecho a las siguientes ayudas:*

   a) *Subvención de 7814 euros por cada contrato de trabajo celebrado a jornada completa. Si el contrato fuera a tiempo parcial, la subvención se reducirá proporcionalmente según la jornada de trabajo pactada.*

   Esta subvención podrá ser destinada por la empresa colaboradora, total o parcialmente, a servicios de apoyo del trabajador.

   b) *Bonificación del cien por cien en las cuotas empresariales de la Seguridad Social, incluidas las de accidente de trabajo y enfermedad profesional y las cuotas de recaudación conjunta durante toda la vigencia del contrato.*

c) Subvención por adaptación del puesto de trabajo y eliminación de barreras u obs-táculos de conformidad con lo establecido en el Real Decreto 1451/1983, de 11 de mayo, por el que, en cumplimiento de lo previsto en la Ley 13/1982, de 7 de abril, se regula el empleo selectivo y las medidas de fomento del empleo de los traba-jadores minusválidos, modificado por el Real Decreto 170/2004, de 30 de enero.

2. Para tener derecho a las ayudas previstas en este artículo, la contratación de los tra-bajadores deberá realizarse sin solución de continuidad y transcurrido, al menos, un plazo de tres meses desde el inicio del enclave o desde la incorporación del trabaja-dor si esta fuera posterior al inicio del enclave.

3. Para obtener las ayudas reguladas en este artículo, la empresa deberá presentar ante la oficina de empleo el contrato de trabajo en modelo oficial y por ejemplar cuadruplicado, acompañado de la solicitud de alta en el régimen correspondiente de la Seguridad Social y del certificado que acredite el grado de minusvalía, expedido por el organismo competente. Dicha presentación surtirá los efectos de solicitud de las subvenciones y bonificaciones reguladas en este artículo.

El servicio público de empleo competente comunicará a las empresas la concesión de las subvenciones o bonificaciones en el plazo de un mes a partir de la fecha de la presentación. Transcurrido dicho plazo sin resolución expresa, se entenderán denegadas.

4. En lo no previsto en este artículo, será de aplicación a las empresas colaboradoras y a estos contratos el régimen sobre requisitos y exclusiones, así como de obligaciones, incluida la de mantenimiento de la estabilidad en el empleo de los trabajadores, que resulte aplicable a las ayudas reguladas en el capítulo II del Real Decreto 1451/1983, de 11 de mayo, modificado por el Real Decreto 170/2004, de 30 de enero.

No obstante lo establecido en el párrafo anterior, no se aplicará, por su propia natura-leza, la exclusión por finalización en los últimos tres meses de la relación laboral de carácter indefinido del trabajador con discapacidad con el centro especial de empleo.

Artículo 13. Incentivos para la contratación por la empresa colaboradora de otros trabajadores con discapacidad del enclave

1. Si el trabajador con discapacidad del enclave que se incorpora con carácter indefinido a la empresa colaboradora no estuviera incluido en el artículo 6.2.a) o b), la empresa colaboradora tendrá derecho a las ayudas establecidas en el Real Decreto 1451/1983, de 11 de mayo, modificado por el Real Decreto 170/2004, de 30 de enero.

2. En los supuestos a que se refiere este artículo, será de aplicación lo dispuesto en el Real Decreto 1451/1983, de 11 de mayo, modificado por el Real Decreto 170/2004, de 30 de enero, si bien el procedimiento para la obtención de las ayudas será el estable-cido en el apartado 3 del artículo anterior.

No obstante lo establecido en el párrafo anterior, no se aplicará, por su propia natu-raleza, la exclusión de las ayudas por finalización en los últimos tres meses de la re-lación laboral de carácter indefinido del trabajador con discapacidad con el centro especial de empleo.

Actividad propuesta 2.2.		

Actividad propuesta 2.2.

Señala si las siguientes afirmaciones son verdaderas o falsas:

		V	F
a.	Los enclaves laborales suponen una vía de transición desde el empleo protegido en un centro especial de empleo al empleo ordinario.		
b.	Durante la vigencia del enclave, los trabajadores discapacitados no mantendrán su relación laboral de carácter especial con el centro especial de empleo.		
c.	Un centro especial de empleo puede tener como actividad exclusiva la derivada de uno o más enclaves determinados.		
d.	Como mínimo, el 75 % de los trabajadores del enclave deberá tener una antigüedad mínima de tres meses en el centro especial de empleo.		
e.	La empresa colaboradora podrá contratar a trabajadores del enclave en cualquier momento.		

2.1.4. Empleo con apoyo

Los servicios de empleo con apoyo son el conjunto de acciones de orientación y acompañamiento individualizado en el puesto de trabajo. Estas acciones de apoyo son llevadas a cabo por preparadores laborales especializados. Su finalidad es facilitar la adaptación social y laboral de los trabajadores con discapacidad con especiales dificultades de inclusión laboral en empresas del mercado ordinario de trabajo.

En la modalidad de empleo con apoyo, el trabajador con discapacidad realiza su actividad laboral ocupando un puesto de trabajo ordinario y percibiendo un salario acorde a las funciones desempeñadas. Para el desarrollo de su actividad, reciben el apoyo necesario.

Las acciones que deben llevarse a cabo en los proyectos de empleo con apoyo (ejecutadas por preparadores laborales) son:

• Búsqueda de empleo ajustado al perfil de la persona con discapacidad.

• Análisis del puesto de trabajo.

• Desarrollar y ejecutar un plan individualizado de formación en el mismo puesto de trabajo:

— Orientación, asesoramiento y acompañamiento a la persona con discapacidad, elaborando para cada trabajador un programa de adaptación al puesto de trabajo.

— Labores de acercamiento y mutua ayuda entre el trabajador con discapacidad, el empleador y el personal de la empresa.

— Apoyo en el desarrollo de habilidades sociales y comunitarias.

— Adiestramiento específico en las tareas del puesto.

- Realizar un control diario hasta que se considere garantizada la autonomía del trabajador.

- Seguimiento y evaluación del proceso de inserción.

- Asesoramiento e información a la empresa.

El Real Decreto 870/2007, de 2 de julio, es la normativa que regula el programa de empleo con apoyo como medida de fomento de empleo de personas con discapacidad en el mercado ordinario de trabajo.

Perfil profesional del preparador laboral:

Siguiendo la clasificación del INCUAL (Instituto Nacional de Cualificaciones), la cualificación profesional de referencia de los preparadores laborales es:

- Cualificación: Inserción laboral de personas con discapacidad.

- Código SSC323_3.

- Familia profesional: Servicios Socioculturales y a la Comunidad.

- Nivel: 3.

- Normativa: Real Decreto 1368/2007, de 19 de octubre.

- Ocupaciones:

— Preparador laboral.

— Tutor de empleo con apoyo.

— Técnico de acompañamiento laboral.

Competencia general de la cualificación *Inserción laboral de personas con discapacidad:*

«Intervenir en el entorno personal y sociolaboral aplicando la Metodología de Empleo con Apoyo para facilitar el acceso y mantenimiento del puesto de trabajo de las personas con discapacidad, realizando el entrenamiento de las habilidades sociolaborales necesarias para la inserción, manteniendo contactos con el entorno y colaborando en el análisis de puestos de trabajo, así como realizando la gestión de información sobre recursos formativos y sociolaborales existentes de acuerdo con las directrices establecidas».

Las unidades de competencia de la cualificación profesional *Inserción laboral de personas con discapacidad* son:

- Realizar las intervenciones dirigidas al entrenamiento para la adquisición y desarrollo de habilidades sociolaborales en las personas con discapacidad.

- Efectuar el seguimiento de la inserción sociolaboral con la empresa, el usuario y su entorno personal.

- Apoyar en el proceso de inserción sociolaboral de personas con discapacidad.

- Gestionar la información sobre los recursos sociolaborales y formativos y colaborar en el análisis de puestos de trabajo para la inserción sociolaboral de personas con discapacidad.

Actividad propuesta 2.3.

Revisa la normativa de referencia Real Decreto 870/2007, de 2 de julio por el que se regula el programa de empleo con apoyo como medida de fomento de empleo de personas con discapacidad en el mercado ordinario de trabajo. Identifica el tiempo de atención que debe dedicar el preparador laboral a cada trabajador con discapacidad.

2.1.5. Empleo ordinario

La normativa de referencia en la inclusión de las personas con discapacidad indica que se fomentará el empleo ordinario de los trabajadores con discapacidad mediante el establecimiento de ayudas que faciliten su integración laboral. Estas ayudas podrán consistir en:

- Subvenciones o prestamos para la adaptación de los puestos de trabajo.

- Eliminación de barreras arquitectónicas que dificulten su acceso y movilidad en los centros de trabajo.

- Posibilidad de establecerse como trabajadores y autónomos.

- Pago de las cuotas de la Seguridad Social.

- Otras medidas que se consideren adecuadas.

- En el Texto Refundido de la Ley General de derechos de las personas con discapacidad y de su inclusión social (Real Decreto Legislativo 1/2013, de 29 de noviembre) se indica que para garantizar la plena igualdad en el trabajo, se deberán mantener o adoptar medidas específicas encaminadas a prevenir o compensar las desventajas derivadas de la discapacidad. Así, los empresarios están obligados a adoptar las medidas adecuadas para la adaptación del puesto de trabajo y la accesibilidad de la empresa, en función de las necesidades de cada situación concreta, con el fin de permitir a las personas con discapacidad acceder al empleo, desempeñar su trabajo, progresar profesionalmente y acceder a la formación (salvo que esas medidas supongan una carga excesiva para el empresario).

La normativa vigente establece la obligación de contratar a un número de trabajadores con discapacidad no inferior al 2 % (en el caso de las empresas privadas con una plantilla superior a cincuenta trabajadores). En las Administraciones públicas la cuota de reserva es del 7 %.

2.2. Medidas de fomento al empleo

Desde las Administraciones públicas se ponen en marcha medidas para fomentar la inserción laboral y generar empleo de las personas con discapacidad.

Entre estas medidas destacan las subvenciones o incentivos fiscales para la incentivar la contratación de personas con discapacidad, la posibilidad de establecerse como trabajadores autónomos y las ayudas a los centros especiales de empleo.

2.2.1. Contratación de personas con discapacidad

La Ley General de derechos de las personas con discapacidad y de su inclusión social, señala la obligatoriedad para las empresas de más de cincuenta trabajadores de reservar un 2 % de sus puestos de trabajo para personas con discapacidad.

La realidad empresarial ha demostrado que esta exigencia plantea ciertas dificultades para llevarse a cabo. Por ello, se publicó el Real Decreto 364/2005, de 8 de abril, por el que se regula el cumplimiento alternativo con carácter excepcional de la cuota de reserva en favor de los trabajadores con discapacidad. En dicha normativa se proponen las siguientes medidas alternativas:

a) Contratar productos:

Celebración de un contrato mercantil o civil con un centro especial de empleo, o con un trabajador autónomo con discapacidad, para el suministro de materias primas, maquinaria, bienes de equipo o cualquier otro tipo de bienes necesarios para el normal desarrollo de la actividad empresarial.

b) Contratar servicios:

Celebración de un contrato mercantil o civil con un centro especial de empleo, o con un trabajador autónomo con discapacidad, para la prestación de servicios ajenos y accesorios a la actividad empresarial.

c) Donación y/o patrocinio:

Realización de donaciones y acciones de patrocinio de carácter monetario para el desarrollo de actividades de inserción laboral y de creación de empleo de personas con discapacidad.

d) Enclave laboral:

Constitución de un enclave laboral, previa suscripción con un centro especial de empleo.

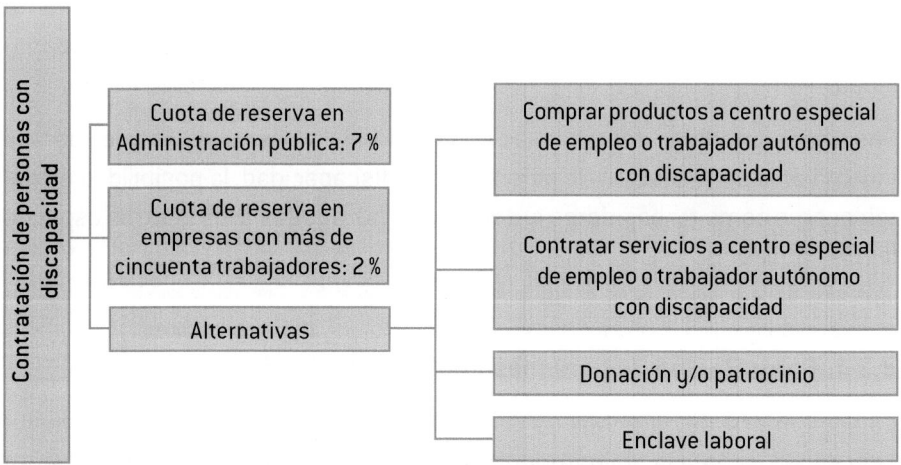

Actividad propuesta 2.4.

Revisa la normativa de referencia Real Decreto 364/2005, de 8 de abril, por el que se regula el cumplimiento alternativo con carácter excepcional de la cuota de reserva en favor de los trabajadores con discapacidad. Identifica los dos supuestos en los que se entiende que una empresa concurre la nota de excepcionalidad y puede quedar exenta del cumplimiento de la cuota de reserva de plantilla en favor de trabajadores con discapacidad.

2.2.2. Incentivos fiscales

Existen unos incentivos fiscales para fomentar la contratación indefinida de trabajadores con discapacidad. Los trabajadores contratados deberán tener un grado mínimo reconocido de discapacidad igual o superior al 33 %.

Los incentivos a las empresas son:

a) Subvención por cada contrato indefinido celebrado (la cuantía de la subvención dependerá de si el contrato es a tiempo completo o parcial).

b) Bonificaciones en las cuotas de la Seguridad Social.

c) Subvenciones para adaptación de puestos de trabajo o dotación de medios de protección personal.

d) Subvenciones para la formación profesional de los trabajadores con discapacidad.

e) Deducción en el impuesto sobre sociedades por cada persona/año de incremento del promedio de la plantilla de trabajadores con discapacidad contratados por tiempo indefinido.

2.2.3. Apoyo al autoempleo

El empleo autónomo es la actividad productiva de bienes o servicios que no se encuentra ligada a un contrato de trabajo y es realizada por el propio empresario, quien asume los posibles riesgos de su propio negocio.

Debido a la elevada tasa de desempleo de las personas con discapacidad y las dificultades existentes para su inserción laboral, el trabajo por cuenta propia es una alternativa laboral que puede resultar interesante para algunos trabajadores con discapacidad.

Los Servicios Públicos de Empleo ofrecen acciones de orientación profesional y asistencia a personas desempleas que deseen emprender. Las acciones de orientación profesional para el autoempleo son:

- Tutoría individualizada.

- Desarrollo de los aspectos personales para la ocupación.

- Grupo de búsqueda de empleo.

- Taller de entrevista.

Las acciones de asistencia para el autoempleo promovidas por los Servicios Públicos de Empleo engloban:

- Información y motivación para el autoempleo.
- Asesoramiento de proyectos empresariales.

Por otro lado, existen diferentes proyectos para fomentar la inserción laboral de las personas con discapacidad, mediante la fórmula del autoempleo. Entidades como la Fundación ONCE ofrecen ayudas para cubrir algunos gastos necesarios en el inicio de la actividad empresarial a emprender por la persona con discapacidad.

2.2.4. Centros especiales de empleo. Ayudas

Las administraciones públicas promueven la creación y puesta en marcha de centros especiales de empleo, los cuales podrán ser creados por organismos públicos o privados.

Una medida de fomento al empleo, son las ayudas y compensaciones económicas destinadas a los centros especiales de empleo. Estas ayudas son concedidas por las administraciones públicas para ayudar a la creación de dichas centros, su mantenimiento y la ampliación de la plantilla.

La gestión de estas ayudas corresponde a los Servicios Públicos de Empleo de las comunidades autónomas (salvo las ciudades autónomas de Ceuta y Melilla, en cuyo ámbito corresponde la gestión al Servicio Público de Empleo Estatal).

RESUMEN

- Los centros ocupacionales tienen como finalidad asegurar los servicios de terapia ocupacional de ajuste personal y social a las personas con discapacidad cuya acusada minusvalía temporal o permanente les impida su integración en una empresa o en un centro especial de empleo.

- Los centros especiales de empleo tienen como objetivo permitir a las personas con discapacidad realizar un trabajo productivo y remunerado, así como recibir servicios de ajuste personal y social que requieran.

- Los enclaves laborales suponen una vía de transición desde el empleo protegido en un centro especial de empleo al empleo ordinario en los casos de discapacitados con especiales dificultades de inserción en el mercado laboral ordinario.

- En la modalidad de empleo con apoyo, el trabajador con discapacidad realiza su actividad laboral ocupando un puesto de trabajo ordinario, recibiendo el apoyo necesario (acciones de orientación y acompañamiento individualizado en el puesto de trabajo llevadas a cabo por preparadores laborales).

- Existen diferentes ayudas para fomentar el empleo de los trabajadores con discapacidad, como incentivos fiscales para la contratación de personas con discapacidad, apoyo al autoempleo, ayudas a centros especiales de empleo, etcétera.

- La Ley General de derechos de las personas con discapacidad y de su inclusión social establece una cuota de reserva para trabajadores con discapacidad. En el caso de las empresas privadas con una plantilla superior a 50 trabajadores es del 2 % y en las Administraciones públicas es del 5 %.

AUTOEVALUACIÓN

2.1. Señala la opción correcta en relación a los centros ocupacionales:

a) Tienen carácter de centros de trabajo para las personas con discapacidad.

b) Aseguran los servicios de terapia ocupacional y de ajuste personal y social.

c) Están destinados a personas cuya minusvalía les permita su integración en una empresa o en un centro especial de empleo.

2.2. Señala la opción correcta en relación con los centros especiales de empleo.

a) Las personas con discapacidad realizan un trabajo productivo.

b) El trabajo realizado no es remunerado.

c) La plantilla deberá estar constituida por un 20 % de trabajadores con discapacidad.

2.3. ¿Qué cuota de reserva se indica en la Ley General de derechos de las personas con discapacidad y de su inclusión social en las Administraciones públicas?

a) 2 %.

b) 7 %.

c) 10 %.

2.4. ¿Cuál es la duración mínima de un enclave laboral?

a) Un año.

b) Seis meses.

c) Tres meses.

2.5. ¿Qué cuota de reserva se indica en la Ley General de derechos de las personas con discapacidad y de su inclusión social en las empresas privadas?

a) 2 %.

b) 5 %.

c) 10 %.

2.6. ¿Qué porcentaje de trabajadores con discapacidad debe existir, como mínimo, en la plantilla de los centros especiales de empleo?

a) 100 %.

b) 70 %.

c) 50 %.

2.7. Señala la opción correcta en relación a la modalidad de empleo con apoyo:

a) El trabajador con discapacidad ocupa un puesto de trabajo ordinario.

b) El trabajador con discapacidad realiza un trabajo no remunerado.

c) Solo reciben acciones de orientación antes de incorporarse al puesto de trabajo.

2.8. El preparador laboral es una figura clave en:

a) Empleo ordinario.

b) Autoempleo.

c) Empleo con apoyo.

2.9. Señala la opción correcta en relación al cumplimiento alternativo de la cuota de reserva en favor de los trabajadores con discapacidad:

a) Tiene carácter excepcional.

b) Una alternativa es realizar donaciones de carácter monetario para el desarrollo de actividades de inserción laboral.

c) Las respuestas a) y b) son correctas.

2.10. Las empresas pueden recibir una subvención para adaptar los puestos de trabajo de personas con discapacidad...

a) Siempre que los trabajadores contratados tengan un grado reconocido de discapacidad igual o superior al 33 %.

b) Siempre que se contrate a trabajadores con discapacidad, independientemente del grado reconocido.

c) Solo cuando los trabajadores contratados tengan un grado reconocido de discapacidad igual o superior al 65 %.

CASO PRÁCTICO

Pablo es un joven de 28 años que vive en Sevilla (España). Tiene una discapacidad visual moderada desde su nacimiento y está decidido a encontrar un empleo que le permita ser económicamente independiente y contribuir a la sociedad.

ACTIVIDADES

Para ayudar a Pablo a encortar un empleo:

- Investiga diferentes sectores y empresas que podrían ser inclusivas y ofrecer oportunidades laborales adecuadas para personas con discapacidad visual.

- Busca en portales de empleo e identifica, al menos, cinco ofertas laborales en las que poseer un certificado de discapacidad sea un requisito de acceso.

- Localiza centros especiales de empleo (CEE) en su localidad de residencia a los que podría enviar su autocandidatura.

- Localiza al menos cinco asociaciones o entidades sin ánimo de lucro en su localidad que ofrezcan servicios relacionados en el empleo para personas con discapacidad.

GLOSARIO

- **Centro especial de empleo (CEE):** entidades en las que al menos el 70 % de sus trabajadores son personas con discapacidad.

- **Centros ocupacionales (CO):** centros que tienen como objetivo prestar una terapia ocupacional (no un empleo) para aquellos trabajadores con discapacidad que no están preparados para trabajar en un centro especial de empleo.

- **Empleo ordinario:** modalidad laboral en empresas normalizadas, ya sean públicas o privadas.

- **Empleo protegido:** modalidad laboral diseñada para aquellas personas con discapacidad que pueden ejercer una actividad profesional, pero no en el mercado ordinario, por presentar este obstáculos o barreras aún difíciles de superar.

- **Enclave laboral:** desplazamiento temporal (para trabajar en un centro de trabajo de otra empresa) de personas con discapacidad que están contratadas por un centro especial de empleo (CEE), ateniéndose a unas características y requisitos específicos.

- **Prestaciones contributivas:** prestaciones económicas cuya concesión está supeditada al cumplimiento de una serie de requisitos, como la existencia de una relación jurídica previa con la Seguridad Social (acreditar un periodo mínimo de cotización).

- **Pensiones no contributivas:** prestaciones económicas concedidas a aquellas personas que carezcan de recursos suficientes para su subsistencia, aun cuando no hayan cotizado nunca o el tiempo suficiente para alcanzar las prestaciones contributivas (por ejemplo, por invalidez).

- **Preparador laboral:** profesional que realiza actuaciones encaminadas a la consecución de la inclusión laboral de las personas con discapacidad, facilitándoles los apoyos necesarios y acompañando a las personas durante todo el proceso.

- **Programa de empleo con apoyo:** servicio prestado por preparadores laborales especializados que consiste en el conjunto de acciones de orientación y acompañamiento individualizado en el puesto de trabajo. Su objetivo es facilitar la inserción laboral de trabajadores con discapacidad en condiciones similares al resto de los trabajadores.

MAPA CONCEPTUAL

RECURSOS SOCIOLABORALES Y FORMATIVOS PARA PERSONAS CON DISCAPACIDAD

MODALIDADES DE INTEGRACIÓN SOCIOLABORAL

- Centros ocupacionales.
- Centro especial de empleo (CEE).
- Enclave laboral.
- Empleo con apoyo.
- Empleo ordinario.

MEDIDAS DE FOMENTO AL EMPLEO

- Medidas para la contratación de personas con discapacidad.
- Cuotas de reserva.
- Incentivos fiscales.
- Apoyo al autoempleo.
- Ayudas a centros especiales de empleo

3. Recursos formativos para personas con discapacidad

Introducción

La formación constituye un pilar básico para la mejora de la empleabilidad de las personas, especialmente de aquellas que tienen mayores dificultades de inserción laboral. En el caso de las personas con discapacidad, la formación es imprescindible tanto para la incorporación al mercado laboral como para la estabilidad y el mantenimiento del puesto de trabajo.

Contenido

3.1. Formación Profesional y empleo

El sistema educativo español ofrece entre sus enseñanzas la Formación Profesional, que se caracteriza por ser una formación fuertemente vinculada al mercado laboral y ajustada a las necesidades del sistema productivo.

Este tipo de formación tiene una alta empleabilidad y los porcentajes de inserción laboral de sus alumnos son muy elevados.

Algunos estudios realizados concluyen lo siguiente acerca del alumnado que cursa estudios de Formación Profesional:

- Mayor tasa de empleo.
- Mayor ajuste entre las necesidades del mercado laboral y las habilidades adquiridas por el alumnado durante su formación.
- Reducción del periodo transcurrido entre la finalización de los estudios y la consecución de un empleo.
- Tendencia a una mayor estabilidad en sus puestos de trabajo.

3.2. Formación Profesional reglada. Características

La Formación Profesional tiene como objetivo la cualificación de las personas para el desempeño de las diversas ocupaciones profesionales (divididas en veintiséis familias profesionales).

Las enseñanzas de la Formación Profesional del sistema educativo se dividen en:

a) *Ciclos Formativos de Grado Básico*

Los Ciclos Formativos de Grado Básico de Formación Profesional son estudios voluntarios dirigidos a jóvenes que no han finalizado la ESO y quieren proseguir su formación reglada y obtener una titulación que les permita acceder al empleo o a estudios posteriores.

Tienen una duración de dos años académicos.

Los equipos docentes pueden proponer a las familias y/o al propio alumno/a, a través del consejo orientador, su incorporación a un Ciclo Formativo de

Grado Básico cuando el perfil académico y vocacional del alumno/a así lo aconseje, siempre que cumplan los siguientes requisitos:

a) Que tengan cumplidos quince años, o los cumplan durante el año natural en curso.

b) Que hayan cursado el tercer curso de Educación Secundaria Obligatoria o, excepcionalmente, haber cursado el segundo curso.

Los Ciclos Formativos de Grado Básico facilitan la adquisición de las competencias establecidas en el perfil de salida a través de enseñanzas organizadas en los siguientes ámbitos:

a) Ámbito de Comunicación y Ciencias Sociales, que incluirá las siguientes materias: 1.º Lengua Castellana. 2.º Lengua Extranjera de Iniciación profesional. 3.º Ciencias Sociales. 4.º En su caso, Lengua Cooficial.

b) Ámbito de Ciencias Aplicadas, que incluirá las siguientes materias: 1.º Matemáticas Aplicadas. 2.º Ciencias Aplicadas.

c) Ámbito Profesional, incluyendo al menos la formación necesaria para obtener una cualificación de nivel 1 del Catálogo Nacional de las Cualificaciones Profesionales.

También pueden incluir otras materias o módulos que contribuyan al desarrollo de dichas competencias.

b) *Ciclos Formativos de Grado Medio*

Tras su superación, se obtiene el título de técnico, el cual permitirá el acceso a cualquiera de las modalidades de Bachillerato.

Las administraciones educativas establecen un porcentaje de plazas reservadas en el acceso a CFGM para personas con discapacidad, que no podrá ser inferior al 5 % de la oferta de plazas.

c) *Ciclos Formativos de Grado Superior*

Tras su superación se obtiene el título de técnico superior, el cual permitirá el acceso a los estudios universitarios (de acuerdo con la normativa vigente de acceso a la Universidad).

Las administraciones educativas establecen un porcentaje de plazas reservadas en el acceso a CFGS para personas con discapacidad, que no podrá ser inferior al 5 % de la oferta de plazas.

d) *Cursos de Especialización*

Para acceder a los Ciclos Formativos de <u>Grado Medio</u> se requiere al menos una de las siguientes condiciones:

- Estar en posesión del título de Graduado en Educación Secundaria Obligatoria (ESO) o de un nivel académico superior.

- Haber superado los módulos obligatorios de un programa de cualificación profesional inicial.

- Haber superado el curso de formación específico para el acceso a Ciclos de Grado Medio.

- Haber superado la prueba de acceso a Ciclos Formativos de Grado Medio o de Grado Superior —o la prueba de acceso a la universidad para mayores de veinticinco años—.

- Cumplir los requisitos de acceso a Ciclos Formativos de Grado Superior.

Para acceder a los Ciclos Formativos de <u>Grado Superior</u> se requiere al menos una de las siguientes condiciones:

- Estar en posesión del título de Bachillerato.

- Poseer un título de Técnico de Grado Medio y haber superado un curso de formación específico para el acceso a Ciclos de Grado Superior.

- Haber superado la prueba de acceso a Ciclos Formativos de Grado Superior o la prueba de acceso a la universidad para mayores de 25 años.

Educación inclusiva

El sistema educativo español garantiza la igualdad de oportunidades y la inclusión de las personas con discapacidad. La normativa que establece la ordenación general de la Formación Profesional del sistema educativo (Real Decreto 659/2023, de 18 de julio) señala, en relación al alumnado con discapacidad, lo siguiente:

- El Sistema de Formación Profesional configura la formación de manera flexible, modular, sobre la base de itinerarios formativos accesibles, progresivos, acumulables y adaptados a las necesidades individuales y colectivas, teniendo en cuenta, entre otras cuestiones, la <u>discapacidad.</u>

- El sistema promueve la igualdad de oportunidades de las personas con discapacidad y, en general, de personas con dificultades de inserción sociolaboral.

- Los centros de Formación Profesional deben adaptar los currículos establecidos (programación y metodologías) a las características de las personas con discapacidad.

- Las administraciones establecerán un porcentaje de plazas reservadas para personas con discapacidad, que no podrá ser inferior al 5 % de la oferta de plazas.

- Es posible establecer convocatorias extraordinarias de evaluación para aquellas personas que hayan agotado las convocatorias previstas por motivos de discapacidad u otras razones que hubieran condicionado o impedido el aprovechamiento ordinario de la formación.

- Los centros deben asegurar el cumplimiento de las condiciones de accesibilidad y promover la adecuación de las condiciones físicas y tecnológicas de los centros, así como la garantía de dotación de recursos materiales y de acceso a la formación adecuados a las personas con discapacidad, de modo que no se conviertan en factor de discriminación y garanticen una atención inclusiva y universalmente accesible.

Adicionalmente, la normativa de referencia recoge la importancia de implantar el Diseño Universal para el Aprendizaje (DUA), definido como el modelo de enseñanza para la educación inclusiva que reconoce la singularidad del aprendizaje de cada alumno y que promueve la accesibilidad de los procesos y entornos de enseñanza y aprendizaje, mediante un currículo flexible, ajustado a las necesidades y ritmos de aprendizaje de la diversidad del alumnado.

3.3. Formación Profesional para el empleo. Características

La Formación Profesional para el empleo (FPE) es un subsistema que pretende fomentar una formación ajustada a las necesidades del mercado laboral que dote al alumnado de los conocimientos, habilidades y competencias necesarias para el desempeño de una actividad laboral. Se dirige tanto a personas desempleadas como a trabajadores ocupados.

La FPE comprende un conjunto de acciones que pretenden fomentar la formación permanente y ajustada al mercado laboral, mejorando la empleabilidad de los participantes. Está destinada tanto a personas ocupadas como a personas desempleadas.

Tal y como se establece en la normativa que regula la FPE (Real Decreto 694/2017, de 3 de julio, por el que se desarrolla la Ley 30/2015, de 9 de septiembre, por la que se regula el Sistema de Formación Profesional para el empleo en el ámbito laboral), uno de los principios que rigen el Sistema de Formación Profesional para el empleo es la <u>accesibilidad y participación de las personas con discapacidad</u> o especialmente vulnerables en las acciones del Sistema de Formación Profesional para el empleo, mediante la adopción de las disposiciones y medidas que resulten necesarias.

Adicionalmente, la normativa señala que, para la impartición de las acciones formativas de Formación Profesional para el empleo, se debe contar con una metodología apropiada, complementada con asistencia tutorial, y debe cumplir los requisitos de <u>accesibilidad y diseño universal</u> o diseño para todas las personas.

Las iniciativas de la FPE son:

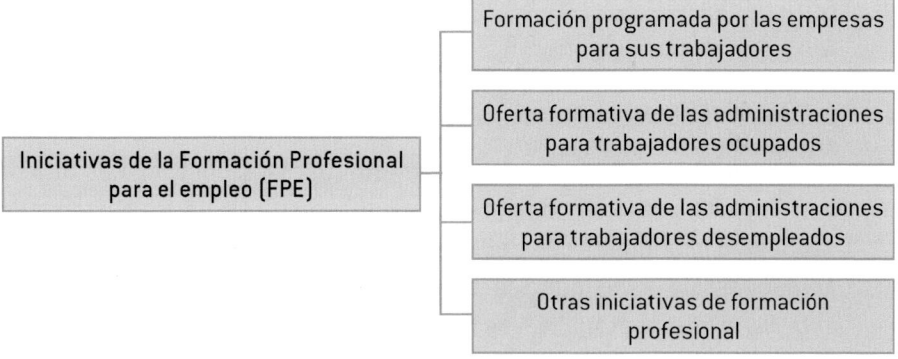

Iniciativas de la Formación Profesional para el empleo (FPE)

- Formación programada por las empresas para sus trabajadores
- Oferta formativa de las administraciones para trabajadores ocupados
- Oferta formativa de las administraciones para trabajadores desempleados
- Otras iniciativas de formación profesional

3.3.1. Formación programada por las empresas para sus trabajadores

Son acciones formativas de las empresas que responden a las necesidades específicas de formación de cada empresa y sus trabajadores. Anteriormente recibió el nombre de formación bonificada, ya que las empresas pueden recibir ayudas mediante bonificaciones en las cotizaciones a la Seguridad Social.

Las empresas pueden programar y gestionar estas acciones formativas con flexibilidad en sus contenidos y el momento de su impartición, siempre que guarden relación con la actividad empresarial, se adecuen a las necesidades formativas de los empleados y se respete el derecho de información y consulta de la representación legal de los trabajadores.

Las empresas deben comunicar el inicio y fin de las iniciativas programadas a la Administración pública competente, a través del sistema electrónico implantado por el Servicio Público de Empleo Estatal y la Fundación Estatal para la Formación en el Empleo (FUNDAE).

3.3.2. Oferta formativa de las administraciones para trabajadores ocupados

Las Administraciones públicas ponen en marcha ofertas formativas para trabajadores ocupados que responde a los requerimientos de productividad y competitividad de las empresas, a las necesidades de adaptación a los cambios operados en el puesto de trabajo y a las aspiraciones de promoción profesional y desarrollo personal de los trabajadores, de forma que les capacite para el desempeño cualificado de las distintas profesiones y les permita mejorar su empleabilidad.

La oferta formativa para trabajadores ocupados se desarrolla mediante:

a) Programas de formación sectoriales: compuestos por acciones formativas dirigidas a la formación de trabajadores de un determinado sector. Las acciones específicas de estos programas también podrán dirigirse al reciclaje y recualificación de trabajadores procedentes de sectores en situación de crisis.

b) Programas de formación transversales: compuestos por acciones formativas dirigidas a obtener competencias transversales a varios sectores de la actividad económica que deben ser objeto de atención prioritaria para dar respuesta a las tendencias identificadas y favorecer la empleabilidad y movilidad intersectorial de los trabajadores.

c) Programas de cualificación y reconocimiento profesional: se trata de acciones formativas que favorecen la cualificación profesional de las personas mediante procedimientos que evalúan y acreditan sus competencias profesionales adquiridas por la experiencia laboral y/o vías informales de formación.

Para la financiación y asignación de fondos para estos programas, la Administración pública tiene en cuenta, además de los niveles de ocupación o afiliación en los distintos sectores y territorios u otros criterios objetivos, las necesidades formativas del sistema productivo y su grado de cobertura por las distintas iniciativas de formación profesional para el empleo.

3.3.3. Oferta formativa de las administraciones para trabajadores desempleados

Con el objetivo de que las personas desempleadas adquieran las competencias requeridas por el mercado de trabajo y mejoren su empleabilidad, las Administraciones públicas competentes programan una oferta formativa para trabajadores desempleados ajustada tanto a las necesidades formativas de los trabajadores como a las necesidades del sistema productivo.

La oferta formativa para trabajadores desempleados se desarrolla mediante los siguientes programas:

a) Programas de formación de los servicios públicos de empleo dirigidos a cubrir las necesidades formativas detectadas por los servicios públicos de empleo en los itinerarios personalizados de inserción y en las ofertas de empleo: cheque de formación.

b) Programas específicos de formación dirigidos a personas desempleadas con necesidades formativas especiales o con dificultades para su inserción o recualificación profesional.

c) Programas formativos que incluyan compromisos de contratación.

Las personas desempleadas que participen en estas acciones formativas, incluidas las prácticas no laborales, pueden percibir ayudas en concepto de transporte, manutención y alojamiento, así como ayudas que permitan conciliar su asistencia a la formación con el cuidado de hijos menores de doce años o de familiares dependientes. En todo caso, la normativa contempla la concesión de becas para personas con discapacidad.

3.3.4. Otras iniciativas de formación

Otras iniciativas de formación profesional son:

a) Permisos individuales de formación: son aquellos por los cuales la empresa autoriza a un trabajador para la realización de una acción formativa que esté reconocida mediante una titulación o acreditación oficial, incluida la correspondiente a los títulos de formación profesional y los certificados de profesionalidad, o mediante un título universitario propio, con el fin de favorecer su desarrollo profesional y personal, siempre que no constituya una formación obligatoria para el empresario. La acción formativa deberá realizarse íntegramente en modalidad presencial o, de no ser así, contar con clases, prácticas o tutorías presenciales obligatorias.

Las empresas pueden aplicarse las correspondientes bonificaciones en los boletines de cotización a la Seguridad Social a medida que abonen los salarios a los trabajadores que disfruten dichos permisos. La financiación de los costes salariales de cada permiso estará limitada a un máximo de doscientas horas laborales por permiso y curso académico o año natural, según el caso, en función de la duración de la formación que se realice.

b) Formación en alternancia con el empleo: la formación en alternancia es aquella que busca responder a las necesidades del mercado laboral mediante un proceso mixto, de empleo y formación, que permite al trabajador compatibilizar el aprendizaje formal con la práctica profesional en el puesto de trabajo. Esta formación incluye la formación dual a través de los contratos para la formación y el aprendizaje y los programas públicos mixtos de empleo-formación.

Los trabajadores desempleados que participen en los programas mixtos de empleo-formación aprobados por las Administraciones públicas podrán percibir becas u otras ayudas.

c) Formación de los empleados públicos: se trata de programas específicos para la formación en el ámbito de las Administraciones públicas.

d) Otras iniciativas de formación: por último, se encuentran las iniciativas de formación profesional para el empleo de las personas en situación de privación de libertad y de los militares de tropa y marinería que mantienen una relación de carácter temporal con las Fuerzas Armadas.

Catálogo Nacional de las Cualificaciones Profesionales y certificados profesionales

El subsistema de FPE está vinculado con el Catálogo Nacional de las Cualificaciones Profesionales (CNCP) el cual clasifica las cualificaciones profesionales susceptibles de reconocimiento y acreditación. Este catálogo es la base para elaborar la oferta formativa de los títulos y los certificados profesionales.

Los certificados de profesionalidad acreditan con carácter oficial las competencias profesionales que capacitan al alumno para el desempeño de una actividad laboral, teniendo validez en todo el territorio nacional. El certificado de profesionalidad acredita las unidades de competencia que integran la cualificación a la que se asocian, en el ámbito de la Formación Profesional para el empleo. El Servicio Público de Empleo Estatal (SEPE) es el organismo que elabora y actualiza los certificados de profesionalidad.

Las cualificaciones profesionales se organizan en veintiséis familias profesionales y cinco niveles de cualificación (los niveles dependen del grado de conocimiento, iniciativa, autonomía y responsabilidad necesario para realizar la actividad laboral).

Familias profesionales del Catálogo Nacional de Cualificaciones Profesionales (CNCP)	
Administración y Gestión (ADG)	Instalación y Mantenimiento (IMA)
Actividades Físicas y Deportivas (AFD)	Imagen Personal (IMP)
Agraria (AGA)	Imagen y Sonido (IMS)
Artes Gráficas (ARG)	Industrias Alimentarias (INA)
Artes y Artesanías (ART)	Madera, Mueble y Corcho (MAM)
Comercio y Marketing (COM)	Marítimo Pesquera (MAP)
Electricidad y Electrónica (ELE)	Química (QUI)
Energía y Agua (ENA)	Sanidad (SAN)
Edificación y Obra Civil (EOC)	Seguridad y Medio Ambiente (SEA)
Fabricación Mecánica (FME)	Servicios Socioculturales y a la Comunidad (SSC)
Hostelería y Turismo (HOT)	Textil, Confección y Piel (TCP)
Industrias Extractivas (IEX)	Transporte y Mantenimiento de Vehículos (TMV)
Informática y Comunicaciones (IFC)	Vidrio y Cerámica (VIC)

Niveles de cualificación	
Nivel 1	• Competencia en un conjunto reducido de actividades simples dentro de procesos normalizados. • Conocimientos y capacidades limitados.
Nivel 2	• Competencia en actividades que pueden ejecutarse con autonomía. • Capacidad de utilizar instrumentos y técnicas propias. • Conocimientos de fundamentos técnicos y científicos de la actividad.
Nivel 3	• Competencia en actividades que requieren dominio de técnicas y se ejecutan con autonomía. • Responsabilidad de supervisión de trabajo técnico y especializado. • Comprensión de los fundamentos técnicos y científicos de las actividades y del proceso.
Nivel 4	• Competencia en un amplio conjunto de actividades complejas. • Diversidad de contextos con variables técnicas científicas, económicas u organizativas. • Responsabilidad de supervisión de trabajo y asignación de recursos. • Capacidad de innovación para planificar acciones, desarrollar proyectos, procesos, productos o servicios.

Niveles de cualificación	
Nivel 5	• Competencia en un amplio conjunto de actividades muy complejas ejecutadas con gran autonomía.
	• Diversidad de contextos que resultan, a menudo, impredecibles.
	• Planificación de acciones y diseño de productos, procesos o servicios.
	• Responsabilidad en dirección y gestión.

Actividad propuesta 3.1.

Accede al Catálogo Nacional de las Cualificaciones Profesionales del Instituto Nacional de las Cualificaciones (INCUAL) y localiza la cualificación SSC323_3 Inserción laboral de personas con discapacidad.

3.4. Escuelas Taller y Casas de Oficio

El programa de empleo-formación de Escuelas Taller y Casas de Oficios es de carácter público y su objetivo es la inserción de desempleados jóvenes (menores de veinticinco años). Para ello, los alumnos reciben una formación en alternancia con la práctica profesional, en ocupaciones relacionadas con la recuperación o promoción del patrimonio artístico, histórico, cultural o natural, así como con la rehabilitación de entornos urbanos o del medio ambiente, la mejora de las condiciones de vida de las ciudades, así como cualquier otra actividad de utilidad pública o de interés general y social que permita la inserción a través de la profesionalización y experiencia de los participantes.

En Escuelas Taller y Casas de Oficio las enseñanzas se centran en el aprendizaje de oficios tradicionales como:

- Carpintería.
- Herrería.
- Albañilería.
- Forja.
- Encofrado.
- Pintura.
- Jardinería.
- Cocina.

Los proyectos de Escuelas Taller y Casas de Oficios se dividen en dos etapas:

- 1.ª etapa: formación profesional ocupacional.
- 2.ª etapa: alternancia con el trabajo y la práctica profesional (los alumnos-trabajadores serán contratados por las entidades promotoras en la modalidad del contrato para la formación y el aprendizaje).

En el caso de las Escuelas Taller, la duración de ambas etapas estará comprendida entre uno y dos años (dividida en fases de seis meses). En cuanto a las Casas de Oficio, la duración de cada etapa será de seis meses.

Las personas que reciban la formación en alternancia con el empleo en esta modalidad deberán cumplir los siguientes como requisitos:

- Ser menor de veinticinco años.
- Ser desempleados no ocupados, registrados en los servicios públicos de empleo y disponibles para el empleo.
- Cumplir los requisitos establecidos para formalizar un contrato para la formación y el aprendizaje.

3.5. Talleres de empleo

Los talleres de empleo son centros de formación y trabajo (las personas desempleadas reciben formación en alternancia con la práctica profesional) dirigidos a personas desempleadas de veinticinco o más años, con mayores dificultades de inserción laboral (parados de larga duración, mayores de cuarenta y cinco años, mujeres y personas con discapacidad).

Su finalidad es capacitar a las personas desempleadas para el desempeño adecuado del oficio aprendido, facilitando su acceso al mercado laboral.

La duración de los proyectos de talleres de empleo estará comprendida entre un mínimo de seis meses y un máximo de un año.

3.6. Otras medidas o recursos de inserción

Para facilitar la inserción sociolaboral de las personas con discapacidad, diferentes organismos públicos y privados pueden poner en marcha iniciativas que mejoren la formación y, por tanto, la empleabilidad de este colectivo.

Entre estas iniciativas, encontramos aquellas puestas en marcha por entidades sin ánimo de lucro, fundaciones, federaciones o asociaciones. Estas organizaciones promueven programas y actividades destinadas tanto a las personas con discapacidad, como a su entorno, de diversa índole: empleo, orientación laboral, formación, apoyo en los procesos de inserción...

RESUMEN

— Para la incorporación al mercado laboral de las personas con discapacidad es imprescindible una formación adecuada y ajustada a sus necesidades.

— La formación profesional se caracteriza por ser una formación fuertemente vinculada al mercado laboral.

— Las enseñanzas de la Formación Profesional se dividen en: Ciclos Formativos de Grado Básico, Ciclos Formativos de Grado Medio, Ciclos Formativos de Grado Superior y Cursos de Especialización.

— La Formación Profesional para el empleo (FPE) es un subsistema que fomenta una formación ajustada a las necesidades del mercado laboral para dotar al alumnado de los conocimientos, habilidades y competencias necesarias para el desempeño de una actividad laboral.

— Las iniciativas de la FPE son: formación programada por las empresas para sus trabajadores, oferta formativa para trabajadores ocupados, oferta formativa para trabajadores desempleados y otras iniciativas de formación profesional para el empleo, relativas a los permisos individuales de formación, la formación en alternancia con el empleo, la formación de los empleados públicos y la formación no financiada con fondos públicos desarrollada por centros y entidades de iniciativa privada destinada a la obtención de certificados profesionales.

— El Catálogo Nacional de las Cualificaciones Profesionales clasifica las cualificaciones profesionales susceptibles de reconocimiento y acreditación y es la base para elaborar la oferta formativa de los títulos y los certificados profesionales.

— Los certificados profesionales acreditan con carácter oficial las competencias profesionales que capacitan al alumno para el desempeño de una actividad laboral, teniendo validez en todo el territorio nacional.

— Las cualificaciones profesionales se organizan en veintiséis familias profesionales y cinco niveles de cualificación.

— El programa de empleo-formación de Escuelas Taller y Casas de Oficios es de carácter público y su objetivo es la inserción de desempleados jóvenes (menores de veinticinco años). Los alumnos reciben una formación en alternancia con la práctica profesional, en ocupaciones relacionadas con la recuperación o promoción del patrimonio artístico, histórico, cultural o natural.

— Las talleres de empleo son centros de formación y trabajo (los desempleados reciben formación en alternancia con la práctica profesional) dirigidos
a desempleados de veinticinco o más años, con mayores dificultades de
inserción laboral (parados de larga duración, mayores de cuarenta y cinco
años, mujeres y personas con discapacidad).

AUTOEVALUACIÓN

3.1. ¿Cómo se denominan las acciones formativas de las empresas que responden a las necesidades específicas de formación de cada empresa y sus trabajadores?

a) Formación en alternancia con el empleo.

b) Formación de oferta pública.

c) Formación programada.

3.2. Las ocupaciones de la Formación Profesional se dividen en:

a) Diez familias profesionales.

b) Veintiséis familias profesionales.

c) Cincuenta y cinco familias profesionales.

3.3. ¿A quién se destinan los Ciclos Formativos de Grado Básico?

a) Mayores de quince años que no hayan obtenido el título de Graduado en Educación Secundaria Obligatoria.

b) Mayores de treinta años que no hayan obtenido el título de Graduado en Educación Secundaria Obligatoria.

c) Mayores de veinticinco años que no hayan obtenido el título de Bachillerato.

3.4. ¿Qué título se obtiene tras la superación de un Ciclo Formativo de Grado Medio?

a) Técnico.

b) Técnico Superior.

c) Grado Básico de Formación Profesional.

3.5. Señala cuál de las siguientes condiciones para acceder a un ciclo formativo de grado superior no es correcta:

a) Estar en posesión del título de Bachillerato.

b) Haber superado la prueba de acceso a la universidad para mayores de veinticinco años.

c) Haber superado los módulos obligatorios de un programa de cualificación profesional inicial.

3.6. ¿En qué iniciativa de la FPE se encuadran los permisos individuales de formación?

  a) Otras iniciativas de formación.

  b) Formación programada por las empresas.

  c) Formación transversal para trabajadores ocupados.

3.7. Señala la opción incorrecta en relación a los certificados profesionales:

  a) Acreditan con carácter oficial una serie de competencias profesionales.

  b) Se organizan en tres niveles de cualificación.

  c) El Servicio Público de Empleo Estatal es el organismo que elabora y actualiza los certificados profesionales.

3.8. ¿Qué nivel de cualificación tendrá un certificado profesional en el que sea necesario adquirir responsabilidad en dirección y gestión?

  a) Nivel 5.

  b) Nivel 4.

  c) Nivel 3.

3.9. ¿En cuántas etapas se dividen los proyectos de Escuelas Taller y Casas de Oficios?

  a) Dos etapas.

  b) Tres etapas.

  c) Cuatro etapas.

3.10. ¿Cuál es la duración mínima de los proyectos de talleres de empleo?

  a) Tres meses.

  b) Seis meses.

  c) Un año.

CASO PRÁCTICO

Opciones formativas para una persona con TEA en España.

Perfil de la persona:

Sandra es una joven de 22 años que vive en Valencia (España). Tiene un diagnóstico de trastorno del espectro autista (TEA) de nivel leve y un grado de discapacidad del 35 %. Sandra ha tenido dificultades en el sistema educativo tradicional y no ha completado la educación secundaria debido a las barreras asociadas con su discapacidad. Al ser preguntada al respecto, Sandra muestra interés por realizar trabajos relacionados con la informática o con tareas administrativas.

Evalúa las siguientes opciones formativas disponibles y analiza cuál sería la más adecuada en el caso de Sandra:

1. Programa de Educación Especial:

   - Sandra puede acceder a programas de educación especial diseñados específicamente para personas con discapacidad, incluidas aquellas con TEA.

   - Estos programas ofrecen un enfoque educativo individualizado que se adapta a las necesidades y habilidades de Sandra, centrándose en el desarrollo de habilidades académicas, sociales y de vida independiente.

2. Formación Profesional Básica (FPB):

   - Sandra puede optar por inscribirse en un programa de Formación Profesional Básica, que ofrece formación práctica en habilidades laborales y ocupacionales.

   - Estos programas están diseñados para personas que no han completado la educación secundaria y brindan oportunidades para adquirir habilidades prácticas que faciliten la inserción laboral. Existen diferentes títulos profesionales básicos.

3. Programas de Formación Ocupacional:

   - Sandra puede participar en programas de formación ocupacional que ofrecen formación específica en áreas como habilidades informáticas, artesanía, cocina, jardinería, entre otras.

   - Estos programas están diseñados para preparar a los participantes para el empleo en sectores específicos y pueden adaptarse para satisfacer las necesidades de Sandra y su perfil de discapacidad.

4. Programas de Educación de Personas Adultas (CEPA):

- Sandra puede considerar inscribirse en un centro de educación de personas adultas (CEPA) para completar su educación secundaria a través de programas adaptados a adultos con discapacidad.

- Estos programas ofrecen flexibilidad en horarios y enfoques pedagógicos para satisfacer las necesidades individuales de Sandra y otros estudiantes con discapacidad.

GLOSARIO

- **Competencia:** conjunto de conocimientos y capacidades que permiten el ejercicio de la actividad profesional conforme a las exigencias de la producción y el empleo.

- **Educación formal:** proceso de formación estructurado conducente a una titulación, acreditación o certificación oficial.

- **Educación no formal:** proceso de formación estructurado que no conduce a una titulación, acreditación o certificación oficial.

- **Competencias básicas:** aquellas competencias que son consideradas necesarias para la realización y desarrollo personal, para participar activamente en la sociedad o mejorar la empleabilidad.

- **Competencia profesional:** conjunto de conocimientos y destrezas que permiten el ejercicio de la actividad profesional conforme a las exigencias de la producción y el empleo.

- **Cualificación profesional:** conjunto de estándares de competencia con significación para el empleo que pueden ser adquiridos mediante formación modular u otros tipos de formación y a través de la experiencia laboral (Real Decreto 1128/2003, de 5 de septiembre, por el que se regula el Catálogo Nacional de Cualificaciones Profesionales). Cada cualificación se identifica mediante un código único, con un número único, al que se añade el acrónimo de la familia profesional a la que se asocia y su nivel [1, 2 o 3].

- **Diseño Universal para el Aprendizaje (DUA):** modelo de enseñanza para la educación inclusiva que reconoce la singularidad del aprendizaje de cada alumno y que promueve la accesibilidad de los procesos y entornos de enseñanza y aprendizaje, mediante un currículo flexible, ajustado a las necesidades y ritmos de aprendizaje de la diversidad del alumnado.

- **Formación continua:** cualquier tipo de formación realizada después de la formación inicial y de la incorporación a la vida activa, dentro o fuera del sistema educativo.

- **Formación profesional:** conjunto de acciones formativas y acreditativas que capacitan para el desempeño cualificado de las diversas profesiones, por medio de la adquisición de las diferentes competencias técnicas y personales.

- **Formación profesional dual:** formación profesional que se realiza combinando los procesos de enseñanza y aprendizaje entre el centro de formación profesional y la empresa, en corresponsabilidad entre ambos agentes.

- **Marco Español de las Cualificaciones:** instrumento que orienta la nivelación coherente de las titulaciones para su clasificación, relación y comparación y que sirve, asimismo, para facilitar la movilidad de las personas en el espacio europeo y en el mercado laboral internacional.

- **Talleres de empleo:** centros de formación y trabajo (las personas desempleadas reciben formación en alternancia con la práctica profesional) dirigidos a desempleados de 25 o más años, con mayores dificultades de inserción laboral (parados de larga duración, mayores de 45 años, mujeres y personas con discapacidad).

- **Unidad de competencia:** conjunto mínimo de competencias profesionales, susceptible de reconocimiento y acreditación parcial. Cada unidad de competencia se identifica mediante un formato estandarizado que incluye los datos de identificación —código, nivel, denominación— y las especificaciones de esa competencia. La unidad de competencia se expresa como un conjunto de realizaciones profesionales (RP) que establecen los comportamientos esperados de la persona, objetivables por sus consecuencias o resultados de las actividades que realiza. Cada realización profesional es evaluable a través de un conjunto de criterios de realización (CR).

MAPA CONCEPTUAL

RECURSOS FORMATIVOS PARA PERSONAS CON DISCAPACIDAD

FORMACIÓN PROFESIONAL REGLADA

- Ciclo Formativo de Grado Básico.
- Ciclo Formativo de Grado Medio.
- Ciclo Formativo de Grado Superior.
- Cursos de Especialización.

FORMACIÓN PROFESIONAL PARA EL EMPLEO (FPE)

- Formación programada por las empresas para sus trabajadores.
- Oferta formativa de las administraciones para trabajadores ocupados:
  · Programas de formación sectoriales.
  · Programas de formación transversales.
  · Programas de cualificación y reconocimiento profesional.
- Oferta formativa de las administraciones para trabajadores desempleados:
  · Programas de formación de los servicios públicos de empleo
  · Programas específicos de formación dirigidos a personas desempleadas con necesidades formativas especiales o con dificultades para su inserción o recualificación profesional
  · Programas formativos que incluyan compromisos de contratación
- Otras iniciativas de formación:
  · Permisos individuales de formación
  · Formación en alternancia con el empleo
  · Formación de los empleados públicos
  · Otras iniciativas de formación.

OTROS RECURSOS FORMATIVOS

- Escuelas taller.
- Casas de oficio.
- Talleres de empleo.

4. Recogida, análisis y organización de la información en la inserción sociolaboral de personas con discapacidad

Introducción

Existe una gran cantidad de información y documentación relativa a las personas discapacitadas y su inserción sociolaboral y formativa. Por ello, es imprescindible recoger, analizar y estructurar esta información, con el objetivo de crear materiales útiles destinados a la difusión y a guiar a las personas implicadas en la inserción sociolaboral (profesionales, personas con discapacidad, familiares, organismos públicos, etcétera).

Contenido

4.1. Guía de recursos: concepto, características y fases de elaboración

Una guía de recursos para personas con discapacidad es una herramienta práctica que recoge, sintetiza y presenta toda la información relevante que pueda resultar de utilidad para este colectivo. Se dirige tanto a las personas con discapacidad como a sus familias y a los profesionales que trabajen con ellas. De esta manera, se describen de manera organizada todos los recursos sociales, laborales, educativos, formativos y otros recursos de interés existentes para las personas con discapacidad.

La finalidad de una guía de recursos es facilitar y difundir información actualizada para que las personas con discapacidad, sus familias y los profesionales o entidades que trabajen con este colectivo conozcan los recursos y servicios que tienen a su disposición.

La elaboración de una guía de recursos implica una serie de fases:

- Recopilación de la información.
- Revisión, comparación y análisis de la información recogida.
- Elaboración de la guía.
- Actualización permanente de la información.

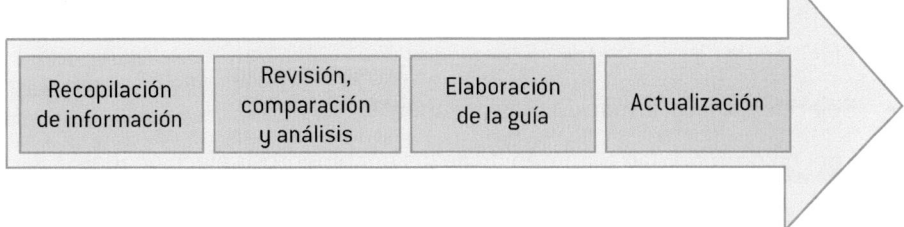

4.2. Fuentes de información: tipos y características

La identificación y selección de fuentes de información debe realizarse garantizando la cantidad y calidad de los datos recogidos.

La información necesaria para la elaboración de la guía de recursos puede provenir de diferentes fuentes. Las principales fuentes de información son:

- Administraciones públicas, tanto de carácter estatal como autonómicas o locales.

- Normativa de referencia: en la web www.boe.es puede consultarse:

  — Boletín Oficial del Estado (BOE).

  — Boletines autonómicos.

  — Boletines provinciales.

  — Normativa europea.

- Entidades que ofrecen programas y/o servicios dirigidos a personas con discapacidad.

- Confederaciones, federaciones, organizaciones, asociaciones y fundaciones relacionadas con la discapacidad.

La información debe estar actualizada, por lo que es fundamental verificar la vigencia de la normativa que hay que incluir en la guía de recursos.

4.3. Técnicas e instrumentos de recogida, análisis y organización de la información

Las fuentes de información a las que se acude para realizar una guía de recursos ofrecen generalmente información cualitativa.

La técnica idónea para el tratamiento de la información procedente de la normativa de referencia es el análisis documental, ya que permite representar el contenido de un documento bajo una forma distinta de la original, para facilitar su consulta. Este análisis se realiza mediante las siguientes acciones:

- Rastrear la normativa existente relativa a la discapacidad.

- Clasificar los documentos encontrados.

- Seleccionar la información más pertinente.

- Leer en profundidad el contenido de los documentos seleccionados.

- Comparar las diferentes normativas para realizar una síntesis de la información.

4.4. Clasificación de la información. Normas, sistemas y criterios

La clasificación de la información es un proceso a través del cual se busca reducir la información recopilada con el objetivo de presentarla y describirla de manera resumida y con una estructura organizada.

La clasificación consiste en agrupar la información en categorías en función de sus elementos comunes. Por ello, es muy importante tener definido previamente el sistema de categorías que va a utilizarse. Generalmente, la información presentada en las guías de recursos está agrupada en función de categorías tales como: recursos de empleo, recursos formativos, ayudas, ocio y tiempo libre, salud, etcétera.

Criterios de clasificación de la información

Los principales criterios para la clasificación de la información son:

a) Organización:

   El criterio de organización hace referencia a la disposición ordenada de la información, presentando los datos de forma lógica y secuenciada.

b) Claridad:

   El criterio de claridad se refiere al hecho de que la información debe ser inteligible y fácil de comprender.

c) Eficacia:

   El criterio de eficacia está relacionado con la clasificación de la información que cumple el objetivo que pretende.

4.5. Síntesis de la información. Formatos. Bases de datos

Toda la información fundamental recopilada debe presentarse de manera resumida en la guía de recursos. Para ello, se lleva a cabo la síntesis del contenido extrayendo la información esencial que se facilitará al destinatario de la guía.

Una vez resumida la información, esta debe adaptarse al formato que vaya a utilizarse en la guía de recursos. Es necesario establecer el tipo formato en el cual se presentará la información. Para ello, no existen una reglas fijas y cada guía puede presentar la información en diferentes formatos (textual, gráficas, tablas, etc.). Es importante que la guía sea entendible y apropiada para las personas con discapacidad.

Las guías pueden realizarse en dos formatos:

- Digital (archivos digitales, web, consulta *online*...).
- Impresa.

Bases de datos

La información recopilada para la elaboración de una guía de recursos deba almacenarse en una base de datos. Una base de datos es un sistema de archivo electrónico que permite almacenar datos e información de manera organizada y recuperarla eficientemente cuando se desee.

En la base de datos se puede almacenar información relativa a:

- Referencias normativas y legislativas
- Directorios de recursos
- Enlaces de interés.
- Textos completos.

En cuanto a la seguridad y conservación de los datos almacenados, es imprescindible adoptar medidas como:

- Realizar copias de seguridad periódicas.
- Proteger los ficheros con contraseñas.
- Asegurar el acceso a los datos solo a personas autorizadas.

4.6. Vías de difusión de la información

El objetivo de las guías de recursos es poder difundir y transmitir la información relevante para las personas con discapacidad. Esta difusión puede hacerse mediante diferentes vías, como: papel impreso, páginas web, archivos en formato digital, etc. En el caso de las guías en papel impreso, estas pueden difundirse bajo demanda o bien puede hacerse una difusión activa.

Para planificar la vía de difusión más idónea, es importante tener en cuenta las características y necesidades de las personas con discapacidad, así como sus preferencias a la hora de recibir la información. Por ello, es habitual difundir las guías de recursos mediante varias vías.

4.7. Protección de datos. Medidas de seguridad

En el contexto de la recogida, análisis y organización de información relacionada con la inserción sociolaboral de personas con discapacidad, la protección de los datos personales es un aspecto muy importante que debe cumplir con la normativa vigente para garantizar la privacidad y seguridad de la información tratada. En este sentido, la Ley Orgánica 3/2018, de 5 de diciembre, de Protección de Datos Personales y garantía de los derechos digitales (LOPDGDD) establece las obligaciones para el tratamiento de datos personales en España, en consonancia con el Reglamento (UE) 2016/679 del Parlamento Europeo y del Consejo, de 27 de abril de 2016 (Reglamento General de Protección de Datos, RGPD), que regula el tratamiento de datos en la Unión Europea.

Protección de datos: principios básicos

Para tratar los datos personales de personas con discapacidad en el marco de su inserción sociolaboral, es imprescindible seguir los principios fundamentales que establece el RGPD y la LOPDGDD:

- Licitud, lealtad y transparencia: el tratamiento de los datos debe estar basado en un fundamento legal, como el consentimiento expreso de la persona interesada o el cumplimiento de una obligación legal. Además, se debe informar de manera clara y comprensible a las personas sobre cómo se utilizarán sus datos. En caso de ser necesario, se debe adaptar el lenguaje para que sea comprensible a las personas con discapacidad.

- Limitación de la finalidad: los datos personales solo pueden ser recogidos con fines específicos, explícitos y legítimos. En este caso, deben estar relacionados exclusivamente con la inserción sociolaboral de las personas con discapacidad.

- Minimización de datos: se debe garantizar que solo se recojan los datos estrictamente necesarios para los fines del tratamiento.

- Exactitud: los datos deben ser exactos y estar actualizados en todo momento. Cualquier dato inexacto debe ser rectificado o suprimido de inmediato.

- Limitación del plazo de conservación: los datos no deben conservarse más tiempo del necesario para los fines que se recogieron, debiendo ser eliminados una vez concluida su utilidad o cuando así lo solicite el interesado.

- Integridad y confidencialidad: se deben adoptar las medidas técnicas y organizativas adecuadas para garantizar la seguridad de los datos personales, evitando su acceso no autorizado, su alteración o pérdida.

Derechos de las personas con discapacidad en el tratamiento de datos personales

Las personas con discapacidad tienen reconocidos una serie de derechos respecto al tratamiento de sus datos personales, que las entidades y profesionales encargados de su inserción sociolaboral deben respetar y facilitar. Entre estos derechos se incluyen:

- Derecho de acceso: las personas tienen derecho a conocer qué datos personales están siendo tratados y obtener copia de ellos.

- Derecho de rectificación: cualquier dato incorrecto o incompleto puede ser rectificado a solicitud de la persona afectada.

- Derecho de supresión: las personas pueden solicitar la eliminación de sus datos personales cuando ya no sean necesarios para los fines recogidos o cuando hayan retirado su consentimiento.

- Derecho a la limitación del tratamiento: bajo ciertas condiciones, las personas pueden solicitar que se limite el tratamiento de sus datos.

- Derecho a la portabilidad de los datos: las personas pueden solicitar que sus datos sean transferidos a otro responsable del tratamiento en un formato estructurado y de uso común.

- Derecho de oposición: en determinadas circunstancias, las personas pueden oponerse al tratamiento de sus datos personales.

Categorías especiales de datos: protección reforzada

La normativa establece una protección especial para las categorías especiales de datos, entre los que se incluyen los datos relacionados con la salud, la orientación sexual, el origen étnico o racial y la **discapacidad**. El tratamiento de estos datos está prohibido, salvo que se cuente con el consentimiento explícito de la persona interesada o cuando sea necesario para cumplir con una obligación legal, como en el caso de programas de empleo que requieran información sobre la discapacidad para garantizar las adecuaciones necesarias en el entorno laboral o para acceder a subvenciones y beneficios específicos.

Cuando se traten datos relacionados con la discapacidad, es crucial asegurar que la persona interesada ha otorgado un consentimiento expreso y que entiende las implicaciones del tratamiento. Además, las organizaciones que manejen esta información deben implementar medidas adicionales de seguridad para garantizar su protección, ya que cualquier vulneración podría comprometer gravemente la dignidad y derechos de las personas.

Medidas de seguridad en el tratamiento de datos personales

Para garantizar la protección de los datos de las personas con discapacidad, se deben adoptar una serie de medidas técnicas y organizativas adecuadas para minimizar los riesgos de accesos no autorizados, pérdidas o modificaciones indebidas. Algunas de las medidas recomendadas por la normativa son:

- Cifrado de datos: los datos personales deben estar cifrados tanto en el almacenamiento como durante su transmisión para evitar que terceros no autorizados accedan a ellos.

- Control de acceso: se debe limitar el acceso a los datos personales solo a aquellas personas que realmente necesiten utilizarlos para el cumplimiento de sus funciones profesionales, aplicando mecanismos de autenticación (como contraseñas seguras, autenticación multifactor, etc.).

- Anonimización y seudonimización: cuando sea posible, se deben utilizar técnicas que permitan ocultar la identidad de las personas mediante la anonimización o seudonimización de los datos, especialmente en los informes o análisis que no requieren identificar a las personas.

- Evaluación de impacto: en los casos en que el tratamiento de datos personales de personas con discapacidad pueda suponer un alto riesgo para los derechos y libertades de las personas, es obligatorio realizar una evaluación de impacto previa que identifique y minimice los riesgos.

- Formación y concienciación: los responsables del tratamiento deben formar adecuadamente a su personal en materia de protección de datos, garantizando que conozcan y cumplan con los protocolos de seguridad establecidos.

- Notificación de brechas de seguridad: en caso de producirse una vulneración de la seguridad que comprometa los datos personales, se debe notificar la brecha a la Agencia Española de Protección de Datos (AEPD) en un plazo máximo de 72 horas desde que se tenga conocimiento de esta. Además, si la brecha supone un alto riesgo para los derechos y libertades de las personas afectadas, estas también deben ser informadas.

Actividad propuesta 4.1.

Elabora una guía de recursos para personas con discapacidad visual en tu localidad aplicando los criterios de organización, claridad y eficiencia.

RESUMEN

— Una guía de recursos para personas con discapacidad es una herramienta práctica que recoge, sintetiza y presenta toda la información relevante que pueda resultar de utilidad para este colectivo.

— La finalidad de una guía de recursos es facilitar y difundir información actualizada para que las personas con discapacidad, sus familias y los profesionales o entidades que trabajen con este colectivo conozcan los recursos y servicios que tienen a su disposición.

— La identificación y selección de fuentes de información debe realizarse garantizando la cantidad y calidad de los datos recogidos.

— La técnica idónea para el tratamiento de la información procedente de la normativa de referencia es el análisis documental, ya que permite representar el contenido de un documento bajo una forma distinta de la original, para facilitar su consulta.

— Los principales criterios para la clasificación de la información son: organización, claridad y eficacia.

— La información recopilada para la elaboración de una guía de recursos deba almacenarse en una base de datos, siendo imprescindible adoptar medidas para garantizar la seguridad y conservación de los datos almacenados.

— La difusión de las guías de recursos puede hacerse mediante diferentes vías, como: papel impreso, páginas web, archivos en formato digital, etcétera.

— El tratamiento de los datos personales de personas con discapacidad en su proceso de inserción sociolaboral requiere una atención especial a las normativas vigentes y a la implementación de medidas de seguridad robustas. Cumplir con la LOPDGDD y el RGPD no solo es una obligación legal, sino un compromiso ético para garantizar que los datos de estas personas se manejen de forma segura, respetando su privacidad y derechos fundamentales.

AUTOEVALUACIÓN

4.1.   ¿Cuáles es una de las principales fuentes de información a la hora de elaborar una guía de recursos?

a)   Periódicos especializados.

b)   Normativa de referencia.

c)   Información directa proporcionada por las personas con discapaci-dad.

4.2.   ¿Cuál es la técnica idónea para el tratamiento de la información procedente de la normativa de referencia?

a)   Análisis documental.

b)   Análisis estadístico.

c)   Análisis cuantitativo.

4.3.   De las siguientes opciones, ¿cuál no es un criterio para clasificar la información?

a)   Claridad.

b)   Objetividad.

c)   Organización.

4.4.   ¿A través de qué vía puede difundirse la información contenida en las guías de recursos?

a)   Internet (webs) o archivos en formato digital.

b)   Papel impreso.

c)   A y B son correctas.

4.5.   Según la normativa vigente en materia de protección de datos, señala la opción incorrecta en relación con el tratamiento de datos personales:

a)   El tratamiento de los datos debe estar basado en un fundamento legal.

b)   Los datos deben eliminarse una vez concluida su utilidad, no con-servándolos un tiempo excesivo.

c)   Es aconsejable recoger el mayor número de datos posibles para los fines del tratamiento.

CASO PRÁCTICO

Guía de recursos para la inserción sociolaboral de personas con discapacidad.

Para favorecer la inserción sociolaboral de personas con discapacidad, una estrategia es desarrollar guías de recursos que ofrezcan información útil y recursos prácticos para ayudar a estas personas a encontrar empleo y desenvolverse exitosamente en el ámbito laboral. Para ello, consulta una guía con los recursos sociolaborales existentes en tu localidad. Por cada recurso, incluir una breve descripción, detalle de los servicios que ofrece, localización y vías de contacto.

Incluye apartados como:

1. Introducción:

   Breve descripción del propósito de la guía y su importancia para las personas con discapacidad.

2. Sección 1:

   Directorio de organizaciones —públicas y/o privadas— que ofrezcan servicios de apoyo a personas con discapacidad relacionados con el empleo:

   a. Servicios públicos de empleo

   b. Agencias de colocación

   c. Centros especiales de empleo

   d. Centros ocupacionales

   e. Empresas de trabajo temporal

   f. Asociaciones o entidades sin ánimo de lucro dedicadas a la inserción sociolaboral de personas con discapacidad (detallando el tipo de discapacidad que atienden).

3. Sección 2:

   Directorio de organizaciones —públicas y/o privadas— que ofrezcan servicios de formación para personas con discapacidad:

   a. Centros de Formación Profesional

   b. Centros de educación de personas adultas

   c. Centros de educación especial

   d. Escuelas taller y casas de oficio

   e. Otros centros de formación

GLOSARIO

- **Base de datos:** conjunto organizado de información o datos, estructurados de manera que pueden ser gestionados, actualizados y consultados de forma eficiente. En el contexto de la inserción sociolaboral, una base de datos puede incluir perfiles de personas usuarias de un servicio, candidatos/as, empresas colaboradoras, ofertas de empleo y recursos de apoyo para personas con discapacidad.

- **Copia de seguridad:** duplicado de información almacenado en un medio alternativo al original con el fin de preservar los datos en caso de pérdida, daño o fallo del sistema.

- **Criterio de clasificación:** conjunto de normas o pautas utilizadas para ordenar y organizar la información de manera lógica, con el fin de facilitar su búsqueda y análisis. En la gestión de información relacionada con personas con discapacidad, los criterios pueden incluir variables como el tipo de discapacidad, la formación o las habilidades laborales.

- **Fuente de información:** cualquier recurso o medio del que se extraen datos relevantes.

- **Guía de recursos:** documento que recoge de manera estructurada y accesible un conjunto de información sobre servicios, programas, instituciones o materiales útiles para un determinado objetivo o público, como las personas con discapacidad.

- **Referencia bibliográfica:** mención de un documento o fuente escrita que ha sido utilizada en la elaboración de un trabajo. La referencia bibliográfica incluye los datos necesarios para identificar la obra consultada, como el autor, título, editorial y fecha de publicación, permitiendo localizarla para consulta o verificación.

- **Referencia normativa:** citación de leyes, decretos, reglamentos u otras normativas legales que regulan un ámbito específico.

- **Protección de datos:** conjunto de medidas y procedimientos destinados a salvaguardar la privacidad y la integridad de los datos personales, de acuerdo con la legislación vigente.

MAPA CONCEPTUAL

RECOGIDA, ANÁLISIS Y ORGANIZACIÓN DE LA INFORMACIÓN EN LA INSERCIÓN SOCIOLABORAL DE PERSONAS CON DISCAPACIDAD

GUÍA DE RECURSOS

Fases:

– Recopilación de la información.

– Revisión, comparación y análisis de la información recogida.

– Elaboración de la guía.

– Actualización permanente de la información.

FUENTES DE INFORMACIÓN

Administraciones públicas, de carácter estatal, autonómico y local:

– Normativa de referencia:
  · Boletín Oficial del Estado (BOE).
  · Boletines autonómicos.
  · Boletines provinciales.
  · Normativa europea.

– Entidades que ofrecen programas y/o servicios dirigidos a personas con discapacidad.

– Confederaciones, federaciones, organizaciones, asociaciones y fundaciones relacionadas con la discapacidad.

CLASIFICACIÓN DE LA INFORMACIÓN: CRITERIOS

– Organización.

– Claridad.

– Eficacia

5. Mercado laboral e inserción sociolaboral de personas con discapacidad

Introducción

La imagen que tiene la sociedad de las personas con discapacidad ha evolucionado significativamente en los últimos años. Aun así, sigue existiendo cierto desconocimiento sobre las capacidades de este colectivo para realizar un trabajo productivo, así como sus habilidades y competencias.

Conocer el mercado laboral es clave para gestionar de manera adecuada los recursos disponibles para la inserción sociolaboral. Por ello, los profesionales implicados en la inserción de personas con discapacidad deben tener suficiente información acerca de áreas como mercado de trabajo, normativa laboral, intermediación laboral, tejido empresarial, etcétera.

Contenido

5.1. Políticas e iniciativas de integración laboral de las personas con discapacidad a nivel europeo, estatal y autonómico

Las iniciativas de integración sociolaboral de personas con discapacidad pueden dividirse en función de su ámbito geográfico de actuación: europeo, estatal y autonómico. Como norma general, las políticas europeas influyen y/o condicionan las estatales y estas, a su vez, tienen impacto en las políticas autonómicas.

5.1.1. Políticas e iniciativas a nivel europeo

Las principales políticas e iniciativas de integración laboral de las personas con discapacidad a nivel europeo son:

- Carta de los Derechos Fundamentales de la Unión Europea (2000/C 364/01).

- Convención sobre los derechos de las personas con discapacidad de las Naciones Unidas.

- Estrategia sobre los derechos de las personas con discapacidad 2021-2030.

La **Carta de los Derechos Fundamentales de la Unión Europea** (2000/C 364/01) señala en su artículo 1 «la dignidad humana es inviolable. Será respetada y protegida». El artículo 26 señala que «la Unión reconoce y respeta el derecho de las personas discapacitadas a beneficiarse de medidas que garanticen su autonomía, su integración social y profesional y su participación en la vida de la comunidad». Por otro lado, el artículo 21 prohíbe toda discriminación por razón de discapacidad.

La **Convención sobre los derechos de las personas con discapacidad de las Naciones Unidas**, aprobada el 13 de diciembre de 2006, es un instrumento internacional mediante el cual la Unión Europea exige a los Estados miembros que protejan y salvaguarden los derechos humanos y libertades fundamentales de las personas con discapacidad. La Convención marca un cambio en el concepto de discapacidad, pasando de una preocupación en materia de bienestar social a una cuestión de derechos humanos.

Por su parte, la Comisión Europea publicó un plan estratégico sobre las políticas dirigidas a las personas con discapacidad en la Unión Europea. Este plan se concreta en la **Estrategia sobre los derechos de las personas con discapacidad 2021-2030,** el cual supone marco de acción para suprimir las barreras que puedan dificultar la integración plena de las personas con discapacidad en la sociedad europea, en condiciones de igualdad con el resto de la población. De manera previa a esta estrategia, la Comisión Europea había publicado la Estrategia Comunitaria sobre Discapacidad 2010-2020.

El documento que recoge la estrategia sobre los derechos de las personas con discapacidad 2021-2023 comienza con una cita de la Presidenta de la Comisión Europea, Ursula Von der Leyen: «Las personas con discapacidad tienen derecho a tener buenas condiciones en el lugar de trabajo, a vivir de forma independiente, a la igualdad de oportunidades y a participar plenamente en la vida de su comunidad. Todos tenemos derecho a una vida sin barreras. Y es nuestra obligación, como comunidad, asegurar su plena participación en la sociedad, en igualdad de condiciones con los demás».

La Comisión Europea señala en su Estrategia 2021-2030 los siguientes ámbitos prioritarios de actuación:

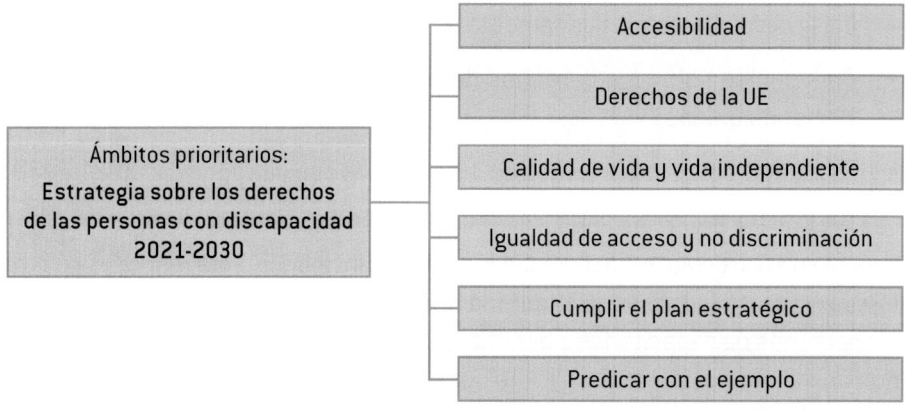

- *Accesibilidad:*

  El objetivo es eliminar las barreras que impiden o dificultan el acceso de las personas con discapacidad. A través de medidas legislativas y de otro tipo, la Unión Europea pretende garantizar la accesibilidad a bienes, servicios, entorno físico, transportes, instalaciones, tecnologías, sistemas de información y comunicaciones (TIC), etcétera.

- *Derechos de la UE:*

  Las personas con discapacidad deben disfrutar de todos los derechos en igualdad de condiciones, en particular cuando se trasladan a otro Estado miembro o participan en la vida política.

Al trasladarse a otro Estado miembro por motivos de trabajo, estudios u otros motivos, las personas con discapacidad pueden experimentar dificultades para que se reconozca su condición de discapacidad. Esto implica enfrentarse a barreras para acceder a los servicios y a las ayudas para personas con discapacidad en ese país. La Comisión Europea se compromete en esta estrategia a ampliar el alcance del reconocimiento mutuo de la situación de discapacidad en ámbitos como la movilidad laboral y las prestaciones de servicios.

- *Calidad de vida y vida independiente:*

  Con el objetivo de erradicar la discriminación por razón de discapacidad, el plan estratégico prevé que la Unión Europea apoyará y complementará políticas y programas de los diferentes países miembros encaminados a fomentar la calidad de vida y la vida independiente. La Comisión Europea recuerda que la vida independiente, los servicios sociales y de empleo de calidad, la vivienda accesible e inclusiva, la participación en el aprendizaje permanente, una protección social adecuada y una economía social fortalecida son indispensables para una vida digna de todas las personas con discapacidad.

- *Igualdad de acceso y no discriminación:*

  La Estrategia Europea 2021-2030 señala que las personas con discapacidad tienen derecho a protección contra cualquier forma de discriminación y violencia, a igualdad de oportunidades y acceso a la justicia, educación, cultura, vivienda, recreación, ocio, deporte y turismo, y a igualdad de acceso a todos los servicios de salud. Concretamente, se aboga por:

  — Mejorar el acceso a la justicia, la protección jurídica, la libertad y la seguridad.

  — Mejorar el acceso al arte y la cultura, la recreación, el ocio, el deporte y el turismo para las personas con discapacidad.

- *Cumplir el plan estratégico:*

  La Comisión Europea solicita expresamente a los Estados miembros y a todas las instituciones y agencias de la UE que tengan en cuenta las necesidades de las personas con discapacidad a la hora de diseñar, implementar y supervisar políticas, legislación y programas de financiación mediante acciones específicas y su integración.

  Además, recalca que la formulación eficaz de políticas implica la consulta y participación de las personas con discapacidad y sus organizaciones representativas durante todo el proceso.

- *Predicar con el ejemplo:*

  La Comisión Europea pretende predicar con el ejemplo mediante dos vías:

  — Hacer que los procesos de selección, contratación y empleo tengan en cuenta la discapacidad, incluyendo en su estrategia de recursos humanos (RR. HH.) acciones para impulsar la contratación, el empleo efectivo y las perspectivas profesionales de personas con discapacidad, y creando entornos de trabajo inclusivos y garantizando que se proporcionen entornos accesibles y con los ajustes razonables necesarios.

  — Garantizar que los edificios, entornos digitales y la comunicación sean accesibles.

Otras iniciativas a nivel europeo

A nivel comunitario se han puesto en marcha varios programas e iniciativas que persiguen la integración de las personas con discapacidad. Entre estas acciones se pueden destacar:

- *Acciones transversales:*

  — Protección a escala internacional de los derechos y libertades de las personas con discapacidad (Decisión 2010/48/CE del Consejo, de 26 de noviembre de 2009, relativa a la celebración, por parte de la Comunidad Europea, de la Convención de las Naciones Unidas sobre los derechos de las personas con discapacidad).

  — Igualdad de oportunidades para las personas con discapacidad: un plan de acción europeo (2004-2010).

  — Promoción y protección de los derechos y la dignidad de las personas con discapacidad a escala internacional.

  — Hacia una Europa sin barreras para las personas con discapacidad.

  — Año Europeo de las personas con discapacidad 2003 (Decisión 2001/903/CE del Consejo, de 3 de diciembre de 2001, sobre el Año Europeo de las personas con discapacidad 2003).

  — Igualdad de oportunidades de las personas minusválidas.

- *Acciones específicas:*

  — Igualdad de trato en materia de empleo y de ocupación (Directiva 2000/78/CE del Consejo, de 27 de noviembre de 2000, relativa al establecimiento de un marco general para la igualdad de trato en el empleo y la ocupación).

— Permiso de estacionamiento para personas con discapacidad (Recomendación del Consejo de 4 de junio de 1998 sobre la creación de una tarjeta de estacionamiento para personas con discapacidad 898/376/CE).

5.1.2. Políticas e iniciativas a nivel estatal

Del mismo modo que la Comisión Europea publicó su plan estratégico sobre las políticas dirigidas a las personas con discapacidad, en España se ha desarrollado la **Estrategia Española sobre Discapacidad 2022-2030**. Los principios inspiradores de dicha estrategia son:

- El respeto de la dignidad inherente, la autonomía individual, incluida la libertad de tomar las propias decisiones, y la independencia de las personas: la dignidad inherente se refiere al valor de cada persona.
- La no discriminación.
- La participación e inclusión plenas y efectivas en la sociedad.
- El respeto por la diferencia y la aceptación de las personas con discapacidad como parte de la diversidad y la condición humanas entraña aceptar a otras personas en un contexto de comprensión mutua.
- La igualdad de oportunidades.
- La accesibilidad.
- La igualdad entre el hombre y la mujer.
- El respeto a la evolución de las facultades de los niños y las niñas con discapacidad y a su derecho a preservar su identidad.

Los ejes estratégicos de la Estrategia Española sobre Discapacidad 2022-2030 se centran en los siguientes:

- Eje motor: ciudadanía activa y pleno ejercicio de los derechos humanos.
- Eje 1: inclusión social y participación.
- Eje 2: autonomía personal y vida independiente.
- Eje 3: igualdad y diversidad.
- Eje 4: diseño y accesibilidad universal.ç
- Eje transversal: perspectiva de género, cohesión territorial y ruralidad, sistemas de información, gobernanza y diálogo civil, innovación y desarrollo sostenible.

Por otro lado, los planes anuales de **políticas activas de empleo en España** incluyen acciones encaminadas a conseguir la integración laboral de las personas con discapacidad. Estas acciones son de diversa índole como programas para la inserción laboral de las personas con discapacidad, mejora de su empleabilidad, fomento de la contratación de este colectivo, etcétera.

5.1.3. Políticas e iniciativas a nivel autonómico

En España, existen planes de acción para personas con discapacidad en todas las comunidades autónomas. En líneas generales, las actuaciones recogidas en estas iniciativas autonómicas son relativas a:

a) Asesoramiento, información y divulgación:

- Campañas de sensibilización.
- Promoción de las condiciones de igualdad y no discriminación.
- Desarrollo de los servicios de orientación laboral.
- Fomento de la figura del preparador laboral.

b) Formación:

- Planes de formación profesional y ocupacional adaptados a tipos de discapacidad.
- Promover el desarrollo de itinerarios formativos.

c) Incentivos directos a las distintas fórmulas de empleo, ya sea empleo protegido u ordinario:

- Promoción de los centros especiales de empleo.
- Desarrollo de fórmulas de empleo con apoyo.
- Cumplimiento de la cuota de reserva del 7 % en las Administraciones públicas.
- Promoción del autoempleo.
- Incentivos por contratación de personas con discapacidad.

d) Acciones de carácter institucional:

- Acciones transversales.
- Coordinación de organismos competentes.
- Formación de redes de colaboración.

5.2. Mercado de trabajo en España

El mercado de trabajo (o mercado laboral) es el lugar en el que confluyen la oferta y la demanda de trabajo (donde se intercambian los servicios de trabajo).

El mercado laboral actual en España se caracteriza por una elevada tasa de desempleo (especialmente desempleo juvenil). Para adaptarse a esta situación, se han producido cambios como incremento de la movilidad geográfica, cambios de sector en las personas desempleadas, formación en la vida adulta y/o emprendimiento. Además, las empresas tienen una exigencia creciente en cuanto a aumento de la productividad y flexibilidad laboral.

Para conocer el mercado laboral, es imprescindible analizar las tendencias en cuanto a:

- Ocupaciones y/o sectores en los que se crea empleo y en los que se destruye.
- Requerimientos de cualificación de cada puesto de trabajo.
- Características del tejido empresarial español.
- Necesidades formativas.
- Condiciones laborales según ocupación y sector.
- Impacto de las nuevas tecnologías.
- Políticas de recursos humanos de las empresas (procedimientos de selección, planes formativos, desarrollo de carreras, evaluación del desempeño, promoción interna, etcétera).

- Competencias personales y profesionales más demandadas por las empresas.

En cuanto al mercado de trabajo de las personas con discapacidad, es necesario destacar que no es homogéneo y está presente en todas las edades, niveles de cualificación y situación socioeconómica. Además, los tipos de discapacidad y su grado hacen muy difícil realizar generalizaciones o extraer conclusiones en cuanto al mercado laboral de las personas discapacitadas.

5.2.1. Oferta, demanda, intermediarios

Los tres elementos que componen el mercado de trabajo son la oferta, la demanda y los intermediarios.

a) Oferta:

La oferta de trabajo está compuesta por los trabajadores, quienes venden su servicio.

b) Demanda:

La demanda de trabajo está constituida por las empresas o empleadores, que compran servicios.

c) Intermediarios:

Los intermediarios son entidades u organismos que intentan facilitar la conexión demanda-oferta. Ejemplos de agentes intermediarios son: los Servicios Públicos de Empleo, las agencias de colocación, las empresas de trabajo temporal (ETT), las bolsas de empleo, las consultoras de selección de recursos humanos, etcétera.

Las relaciones entre estos elementos (oferta, demanda e intermediarios) determinan el funcionamiento del mercado de trabajo, pudiéndose dar dos situaciones:

- Equilibrio en el mercado de trabajo: cuando se igualan la oferta y la demanda de trabajo.

- Desequilibrio en el mercado de trabajo: ya sea por exceso de oferta (más desempleados que empleos) o por exceso de demanda (puestos de trabajo que no pueden ser cubiertos).

5.2.2. Fuentes de información del mercado de trabajo

Los datos relativos al mercado de trabajo proceden de diversas fuentes:

- Instituto Nacional de Estadística (INE).

- Servicio Público de Empleo Estatal (SEPE).

- Servicios Públicos de Empleo Autonómicos.

- Ministerios con competencias en materia de empleo, relaciones laborales y/o economía social.

- Observatorio Profesional: es un área dentro del Instituto Nacional de las Cualificaciones (INCUAL) que proporciona información sobre la evolución de la demanda y oferta de las profesiones, ocupaciones y perfiles en el mercado de trabajo.

También puede obtenerse información del mercado de trabajo a través de centros de información y asociaciones, así como de libros, guías y publicaciones específicas.

La información más relevante acerca del mercado laboral es: datos de paro registrado y contratación, afiliación a la Seguridad Social y encuesta de población activa (EPA).

5.2.3. Vías de acceso al mercado de trabajo: la oferta pública de empleo, la oferta privada y el autoempleo

El acceso al mercado laboral puede realizarse a través de tres grandes vías:

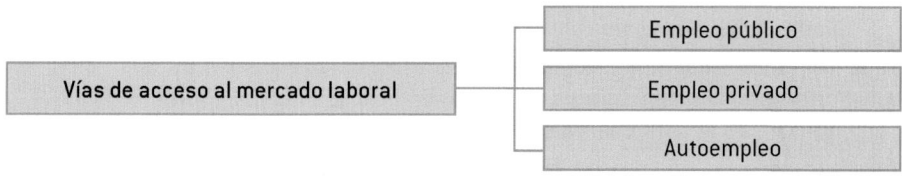

Oferta pública de empleo

Anualmente, el gobierno español aprueba una oferta de empleo pública en función de las necesidades de las diferentes administraciones. Dicha oferta se publica en el Boletín Oficial del Estado (BOE) y/o en dos diferentes boletines regionales y provinciales.

Para acceder al empleo público es necesario superar diferentes oposiciones o pruebas selectivas. La normativa actual establece una cuota de reserva de plazas para personas discapacitadas del 7 % en las Administraciones públicas.

Existen diferentes tipos de empleados públicos (con diferentes condiciones) agrupados en:

- Funcionario de carrera: son trabajadores de la Administración pública que han superado un proceso selectivo de oposición y disponen de un nombramiento en el que se reconoce dicha condición.

- Personal laboral: son trabajadores que prestan servicios retribuidos por las Administraciones públicas mediante un contrato de trabajo (en cualquiera de las modalidades de contratación existentes). La duración del contrato podrá variar (fijo, por tiempo indefinido o temporal).

- Funcionario interino: son trabajadores que prestan servicios de manera transitoria, ocupando las plazas que se hallan reservadas a los funcionarios de carrera.

- Personal eventual: son empleados públicos que se nombran libremente en régimen no permanente, ocupando cargos de confianza o de asesoramiento no reservado a funcionarios.

Actividad propuesta 5.2.		
Señala si las siguientes afirmaciones son verdaderas o falsas en relación a los empleados públicos:		
	V	F
a. Los trabajadores de la Administración pública que han superado un proceso selectivo de oposición y disponen de un nombramiento en el que se reconoce dicha condición son los funcionarios de carrera.		
b. Los trabajadores que prestan servicios de manera transitoria, ocupando las plazas que se hallan reservadas a los funcionarios de carrera se denominan personal eventual.		
c. El personal laboral son trabajadores que prestan servicios retribuidos por las Administraciones públicas mediante un contrato de trabajo.		
d. Los funcionarios de carrera son los empleados públicos que se nombran libremente en régimen no permanente, ocupando cargos de confianza o de asesoramiento no reservado a funcionarios.		

Empleo privado

El empleo privado implica la realización de un trabajo bajo una relación contractual entre el trabajador y el empleador o la empresa. El trabajo en la empresa privada puede desarrollarse en sectores productivos muy diversos.

La normativa actual establece la obligación de contratar a un número de trabajadores con discapacidad no inferior al 2 % (en el caso de las empresas privadas con una plantilla superior a cincuenta trabajadores).

Las principales vías de acceso al empleo privado son:

• Servicios Públicos de Empleo:

   Ofrecen un servicio público y gratuito de ayuda para poder encontrar empleo. Es necesario estar inscrito como demandante de empleo.

• Agencias de colocación:

   Las agencias de colocación son entidades públicas o privadas, con o sin ánimo de lucro, que realizan actividades de intermediación laboral en coordinación y/o colaboración con los servicios públicos de empleo. Su objetivo es ayudar a las personas desempleadas a encontrar empleo adecuado a su perfil, así como ayudar a las empresas en la contratación de los trabajadores que más se ajusten a sus requerimientos y necesidades. Según su forma de actuación, las agencias de colocación pueden ser de dos tipos:

   — Agencias de colocación que actúan de forma autónoma, pero coordinada con los servicios públicos de empleo.

   — Agencias de colocación que actúan como entidad colaboradora de los servicios públicos de empleo mediante la suscripción de un convenio de colaboración, pudiendo recibir financiación por el desarrollo de su actividad.

• Consultoras de selección:

   Son empresas especializadas que se dedican a realizar los procesos de selección de personal bajo petición de las empresas que necesitan cubrir esos puestos de trabajo. La contratación la realiza la empresa en la que se vaya a desarrollar el trabajo.

• Empresas de trabajo temporal (ETT):

   Son empresas cuya actividad consiste en contratar trabajadores y ponerlos a disposición de otra empresa (empresa usuaria) para que realicen un trabajo concreto. Los trabajadores son cedidos de forma temporal a las empresas usuarias, aunque es la ETT quien se encarga de la contratación, pago de sueldos, gestiones y gastos con la Seguridad Social, etcétera.

- Portales de empleo:

  Uno de las vías de acceso al empleo privado más utilizadas son los portales de empleo, como, por ejemplo, Infojobs.

- Bolsas de empleo:

  Algunas entidades disponen de bolsas de empleo. FSC Inserta (entidad de Fundación ONCE para la formación y el empleo de personas con discapacidad) dispone de una bolsa de empleo para este colectivo.

- Medios de comunicación:

  En ocasiones, algunos medios de comunicación como prensa diaria o prensa especializada incluyen ofertas de empleo.

Actividad propuesta 5.3.

Realiza una búsqueda en internet y enumera tres portales de empleo, tres empresas de trabajo temporal y tres agencias de colocación autorizadas por el Servicio Público de Empleo Estatal.

Autoempleo

En la actualidad, la vía del emprendimiento se está convirtiendo en una opción muy atractiva para un gran número de personas desempleadas. Desde las Administraciones públicas se está apoyando estas iniciativas con subvenciones, orientación, apoyo técnico, etcétera.

El proceso de emprender incluye fases como:

- Desarrollar la idea o el proyecto.

- Analizar el mercado y evaluar la viabilidad.

- Elaborar un plan de empresa que incluya información sobre el plan de marketing, recursos humanos, plan económico-financiero, inversiones, operaciones, etcétera.

- Determinar la forma jurídica.

- Realizar los trámites de constitución de la empresa.

Trámites para el autoempleo:

Para darte de alta como trabajador autónomo se deben realizar una serie de trámites administrativos en la Agencia Tributaria y en la Tesorería General de la Seguridad Social.

- Trámites fiscales: se realizan en la correspondiente delegación de la Agencia Tributaria y deben llevarse a cabo antes del comienzo de la actividad. Son los siguientes trámites:

  — Comunicación del inicio de la actividad: cumplimentar el impreso 036 (de régimen ordinario) o el 037 (de régimen simplificado) y aportar el NIF o el CIF (en el caso de que se trate de una sociedad).

  — Alta en el impuesto sobre actividades económicas (IAE). El IAE grava el ejercicio de actividades profesionales y, para darse de alta en dicho impuesto, debe cumplimentarse el modelo 840.

- Trámites laborales: se realizan en la Tesorería General de la Seguridad Social y son:

  — Alta en el Régimen Especial de Trabajadores Autónomos (RETA). Se necesita el modelo TA 521, fotocopias (y originales) del alta en el IAE y del DNI y la tarjeta de afiliación a la Seguridad Social. El plazo para realizar este trámite es de treinta días naturales tras el inicio de la actividad.

  — Solicitud del libro de visita. El libro de visita es obligatorio para empresas y autónomos (incluso en el caso de que no tengan trabajadores a su cargo). En algunas comunidades autónomas, ya es posible sustituirlo por un libro de visitas electrónico.

5.3. La empresa. Concepto. Tipos de estructura organizativa. Responsabilidad Social de las empresas

Una empresa es una organización con fines lucrativos que realiza actividades dirigidas a la satisfacción de las necesidades del mercado. El objetivo general de las empresas privadas es maximizar los beneficios económicos obtenidos mediante la producción de bienes o servicios.

La empresa es la unidad económica que combina los distintos factores productivos, ordenados según una determinada estructura organizativa, y dirigidos sobre la base de cierta relación de propiedad y control, con el ánimo de alcanzar unos objetivos, entre los que destaca el beneficio empresarial.

Bueno Campos (2004).

Tipos de estructura organizativa

La forma en la que se dividen, organizan y coordinan las actividades de la empresa para la consecución de sus objetivos se denomina organización empresarial.

La organización interna de las empresas se basa en la división del trabajo en departamentos que pueden crearse siguiendo diferentes criterios como división geográfica, clientes, productos, funciones, procesos, etcétera.

Una estructura organizativa es la distribución de recursos de la empresa. Los principales tipos de estructuras organizativas son:

- *Estructuras organizativas simples:*

  — Funcional: se basa en la especialización para incrementar la eficacia de la empresa. La mayor parte de la responsabilidad recae en los especialistas de las diferentes áreas y no en la jerarquía tradicional.

  — Lineal: se fundamenta en la autoridad y la estabilidad de la jerarquía de mando. Un ejemplo de organigrama de empresa con estructura lineal es:

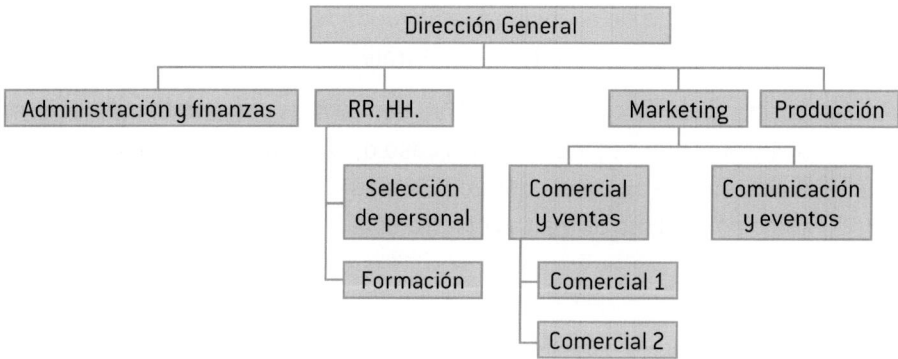

- *Estructuras organizativas complejas:*

  — Matricial: la estructura matricial es característica de las organizaciones muy desarrolladas que trabajan por proyectos. Permite a las empresas ser muy flexibles, tener una mayor eficiencia en la resolución de problemas, coordinación y trabajo en equipo.

  — Divisional: este tipo de estructura implica crear unidades (divisiones) semiautónomas vinculadas a diferentes productos, zonas geográficas, grupos de clientes, procesos productivos, etc., para mejorar la eficiencia de la empresa.

Responsabilidad social de las empresas

La responsabilidad social de las empresas (RSE), también conocida como responsabilidad social corporativa, consiste en contribuir de manera voluntaria a la mejora social, económica y medioambiental de su entorno. La RSE implica poner en marcha una serie de acciones que tengan repercusiones positivas en la sociedad (más allá del simple cumplimiento de las obligaciones legales).

Ejemplo

Algunas actuaciones que pueden desarrollar las empresas dentro del marco de la responsabilidad social corporativa (RSC) son: acciones contra el cambio climático, apoyo a comunidades desfavorecidas, inversión en países subdesarrollados o en vías de desarrollo, actuaciones para la mejora de la ética empresarial y contra la corrupción o programas de inserción laboral de personas pertenecientes a colectivos con especiales dificultades de inserción (por ejemplo, personas con discapacidad).

Actividad propuesta 5.4.

Revisa la guía de responsabilidad social empresarial y discapacidad de la fundación ONCE en el enlace http://rsed.fundaciononce.es/ y valora la importancia de la RSC en las empresas.

5.4. Normativa laboral. Contrato de trabajo. Jornada laboral. El salario. Permisos y vacaciones

La normativa laboral española engloba una serie de textos legislativos o reglamentos que regulan las condiciones de trabajo en España. Entre esta normativa laboral destacan:

* Ley 13/82 de 7 de abril, de integración social de minusválidos.

* Real Decreto 1451/83 de 11 de mayo, regula el empleo selectivo y las medidas de fomento del empleo de los trabajadores minusválidos.

* Real Decreto 290/04, de 20 de febrero, por el que se regulan los enclaves laborales como medida de fomento del empleo de las personas con discapacidad.

* Real Decreto 364/05, de 8 de abril, por el que se regula el cumplimiento alternativo con carácter excepcional de la cuota de reserva a favor de los trabajadores con discapacidad.

* Real Decreto 870/07, de 2 de julio, por el que se regula el programa de empleo con apoyo como medida de fomento de empleo de personas con discapacidad en el mercado ordinario de trabajo.

* Ley 44/07, de 13 de diciembre, para la regulación del régimen de las empresas de inserción.

- Real Decreto 1856/09, de 4 de diciembre, de procedimiento para el reconocimiento, declaración y calificación del grado de discapacidad.

- Ley 27/09, de 30 de diciembre, de medidas urgentes para el mantenimiento y el fomento del empleo y la protección de las personas desempleadas.

- Ley 35/10, de 17 de septiembre, de medidas urgentes para la reforma del mercado de trabajo.

- Ley 3/2012, de 6 de julio, de medidas urgentes para la reforma del mercado laboral.

- Real Decreto Legislativo 1/2013, de 29 de noviembre, por el que se aprueba el Texto Refundido de la Ley General de derechos de las personas con discapacidad y de su inclusión social.

- Real Decreto-Ley 3/2014, de 28 de febrero, de medidas urgentes para el fomento del empleo y la contratación indefinida.

- Estatuto de los Trabajadores.

Contrato de trabajo

Un contrato de trabajo es un acuerdo entre empresario y trabajador por el que este se obliga a prestar determinados servicios profesionales por cuenta del empresario, bajo su dirección y a cambio de una retribución. El contrato de trabajo puede concertarse por tiempo indefinido o por una duración determinada (en los supuestos legalmente previstos).

Existen diferentes modalidades de contratación, como:

- Contratos formativos: tienen como fin formar a personas jóvenes e impulsar la inserción laboral.

- Contratos indefinidos: no tienen fecha de finalización establecida y ofrecen mayor estabilidad laboral. Dentro de esta categoría también se encuentran los contratos fijos-discontinuos.

- Contratos de duración determinada: sí tienen duración específica establecida desde el inicio. Estos contratos pueden ser firmados en casos específicos y limitados, y tienen la flexibilidad de ser formalizados tanto a tiempo completo como a tiempo parcial, dependiendo de las necesidades y condiciones de la empresa. Dentro de esta categoría se encuentran los contratos por circunstancias de la producción imprevisibles y los contratos por circunstancias de la producción previsibles.

En cuanto a la contratación de personas con discapacidad, la normativa laboral recoge que, para incentivar la contratación de personas con discapacidad, se establecen incentivos y bonificaciones en las cuotas empresariales de la Seguridad Social para colectivos de personas con discapacidad. Además, existen subvenciones para la adaptación de los puestos de trabajo, con el fin de eliminar barreras u obstáculos que impidan o dificulten el trabajo de las personas con discapacidad.

Jornada de trabajo

La jornada de trabajo es el tiempo durante el cual el trabajador se encuentra realizando su actividad profesional. Su duración no puede ser mayor a la del convenio colectivo aplicable y su máximo son cuarenta horas semanales de promedio en el cómputo anual.

La jornada de trabajo puede adoptar diversas formas: completa (continuada o partida), parcial, a turnos, etcétera.

El estatuto de los trabajadores establece lo siguiente en relación a la jornada de trabajo:

- La duración de la jornada laboral debe ser pactada en los convenios colectivos o en los contratos de trabajo.
- Entre el final de una jornada y el comienzo de la siguiente mediarán, como mínimo, doce horas.
- Siempre que la duración de la jornada diaria continuada exceda de seis horas, deberá realizarse un descanso durante la misma (de duración no inferior a quince minutos).

Salario

El salario está constituido por la totalidad de las percepciones económicas de los trabajadores, ya sea en dinero o en especie, por la prestación profesional de los servicios laborales por cuenta ajena.

En ningún caso, el salario en especie puede superar el 30 % de las percepciones salariales del trabajador, ni dar lugar a la minoración de la cuantía íntegra en dinero del salario mínimo interprofesional.

- *Salario mínimo interprofesional*

   El salario mínimo interprofesional (SMI) es la cuantía retributiva mínima que pueden percibir los trabajadores, para cualquier actividad en la agricultura, industria y servicios, sin distinción de sexo ni edad de los trabajadores. Puede fijarse en euros/día o euros/mes.

   El valor del salario mínimo interprofesional es fijado anualmente por el Gobierno, mediante la publicación de un real decreto. Para la determinación del SMI se tienen en cuenta diversos factores como el IPC, la productividad media nacional o el incremento de la participación del trabajo en la renta nacional.

- *Estructura del salario*

La estructura del salario (establecida mediante la negociación colectiva o, en su defecto, el contrato individual) debe incluir:

a) El salario base: retribución fijada por unidad de tiempo o de obra.

b) Complementos salariales: retribución fijada en función de circunstancias relativas a condiciones personales del trabajador, trabajo realizado o la situación y resultados de la empresa. Los complementos salariales más habituales son:

— Antigüedad.

— Pagas extraordinarias.

— Participación en beneficios.

— Complementos del puesto de trabajo (penosidad, toxicidad, peligrosidad, turnos, trabajo nocturno, etcétera).

— Primas a la producción por calidad o cantidad de trabajo.

— Residencia en provincias insulares y Ceuta y Melilla.

Permisos y vacaciones

En el Estatuto de los Trabajadores se establece lo siguiente en relación a los permisos y vacaciones de los trabajadores:

a) Los trabajadores tienen derecho a un descanso mínimo semanal, acumulable por periodos de hasta catorce días, de día y medio ininterrumpido.

b) El trabajador, previo aviso y justificación, podrá ausentarse del trabajo, con derecho a remuneración, por alguno de los siguientes motivos:

— Contraer matrimonio (quince días naturales).

— Nacimiento de hijo (dos días).

— Fallecimiento, accidente o enfermedad graves, hospitalización o intervención quirúrgica sin hospitalización que precise reposo domiciliario, de parientes hasta el segundo grado de consanguinidad o afinidad (dos días).

— Traslado del domicilio habitual (un día).

— Cumplimiento de un deber inexcusable de carácter público y personal, comprendido el ejercicio del sufragio activo (el tiempo indispensable).

— Realizar funciones sindicales o de representación del personal en los términos establecidos legal o convencionalmente.

— Realización de exámenes prenatales y técnicas de preparación al parto que deban realizarse dentro de la jornada de trabajo (el tiempo indispensable).

— Permiso por lactancia: en los casos de nacimiento de hijo, adopción o acogimiento los trabajadores tendrán derecho a una hora de ausencia del trabajo para la lactancia del menor (hasta que este cumpla nueve meses). Este derecho puede ser sustituido voluntariamente por una reducción de su jornada en media hora o acumularlo en jornadas completas. En el caso de que ambos progenitores trabajen, este permiso solo podrá ser ejercido por uno de ellos.

— Guarda legal: los trabajadores que tengan a su cuidado directo algún menor de doce años o una persona con discapacidad física, psíquica o sensorial, que no desempeñe una actividad retribuida, tendrá derecho a una reducción de la jornada de trabajo diaria, con la disminución proporcional del salario. También tendrán este derecho los trabajadores que deban encargarse del cuidado directo de un familiar (hasta el segundo grado de consanguinidad o afinidad), que por razones de edad, accidente o enfermedad no pueda valerse por sí mismo, y no desempeñe actividad retribuida.

- *Vacaciones anuales:*

  El periodo de vacaciones anuales retribuidas, no sustituible por compensación económica, será el pactado en convenio colectivo o contrato individual. La duración nunca será inferior a treinta días naturales. El periodo de disfrute de las vacaciones se fijará de común acuerdo entre el empresario y el trabajador (de conformidad con lo establecido en su caso en los convenios colectivos sobre planificación anual de las vacaciones).

Actividad propuesta 5.5.

Busca el Real Decreto en el que se fija el salario mínimo interprofesional para el presente año y señala cuál es su cuantía, tanto en euros/día como en euros/mes.

5.5. Pautas de actuación con empresas e instituciones para la intermediación laboral

La intermediación laboral se entiende como el conjunto de acciones encaminadas a poner en contacto las ofertas de trabajo de las empresas e instituciones con los trabajadores que buscan un empleo.

La intermediación laboral es un punto de encuentro entre los trabajadores y los empleadores, de manera que se proporciona a los empleadores los trabajadores más apropiados a sus requerimientos y necesidades y, a su vez, se facilitando un empleo adecuado a las características de cada trabajador.

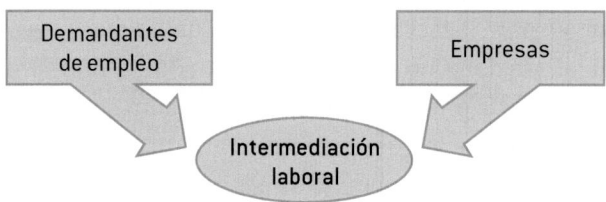

Las fases de la intermediación laboral son:

a. **Fase de captación de ofertas de empleo**

En esta fase es fundamental analizar las ofertas de empleo y determinar el perfil profesional requerido. De esta manera, se podrán establecer los requisitos demandados para el puesto y si este puede ser cubierto por una persona con discapacidad (valorando también el tipo de discapacidad y su grado). Las ofertas de empleo pueden ser específicas para personas con discapacidad (se requiere un grado mínimo reconocido del 33 %) o generales.

b. **Fase de búsquedas de candidaturas**

Una vez analizado el perfil profesional requerido (conocimientos, experiencia, competencias, actitudes...), se procederá a buscar a los candidatos idóneos para el puesto. Generalmente, esta búsqueda se realiza en las bases de datos de candidatos que el técnico de intermediación laboral tenga a su disposición.

c. **Fase de envío de las candidaturas**

Los candidatos que mejor se ajusten al puesto ofertado serán remitidos a la empresa para la valoración de los mismos. Se enviará el currículum vitae del candidato/s, así como una breve descripción del perfil del mismo.

d. **Fase de seguimiento**

El técnico de intermediación laboral debe realizar un seguimiento del proceso de selección y de las candidaturas remitidas a la empresa, recabando información sobre qué candidatos han sido descartados y por qué razones, así como qué personas han sido seleccionadas. En el caso de que la empresa no seleccione a ningún candidato, pueden revisarse los requisitos y reenviarse nuevas candidaturas.

e. **Fase de cierre**

En esta fase se concreta el resultado del proceso con la empresa, la cual debe aportar el resultado de las candidaturas enviadas a la oferta de empleo. Los tipos de cierre de la oferta pueden ser:

— Cierre de la oferta con resultado de contratación.

— Cierre de la oferta sin contratación de los candidatos enviados por falta de ajuste de estos al puesto (la empresa realiza la contratación por otra vía).

— Abandono del proceso de selección voluntario por parte de la empresa.

Captación de ofertas de trabajo | Búsqueda de candidaturas | Envío de candidaturas | Seguimiento | Cierre

---

Actividad propuesta 5.6.

Busca en algún portal de empleo al menos tres ofertas en las que se solicite que los candidatos tengan reconocido un grado de discapacidad mínimo del 33 %.

- ¿Para qué puestos u ocupaciones se demanda con mayor frecuencia a personas con discapacidad?

- ¿Las ofertas de empleo hacen referencia al tipo de discapacidad (física, sensorial, psíquica)?

- ¿Cuáles son los motivos por los que las empresas requieren que los candidatos tengan reconocido un grado de discapacidad mínimo del 33 %?

5.5.1. Acciones de sensibilización para la contratación de personas con discapacidad

Las campañas de sensibilización destinadas a las empresas son un medio eficaz para para el fomento de la contratación de personas con discapacidad.

La sensibilización para la contratación consiste en concienciar a las empresas sobre tres aspectos principalmente:

- Las barreras y dificultades con las que se encuentran las personas con discapacidad en el acceso al mercado laboral.

- Beneficios de contratar a personas con discapacidad (bonificaciones e incentivos).

- Las potencialidades y aspectos positivos de este colectivo.

Las acciones de sensibilización en el mundo empresarial pueden ser muy diversas como, por ejemplo: acciones de divulgaciones presenciales (charlas y/o seminarios sobre sensibilización), edición y difusión de materiales informativos, etcétera.

5.5.2. Estudio de perfiles profesionales

En el proceso de intermediación laboral es fundamental conseguir un adecuado ajuste entre los perfiles profesionales de los candidatos y las ofertas laborales.

Los perfiles profesionales pueden referirse a:

- Descripción detallada de las cualidades y características de los candida-tos, incluyendo competencias personales y profesionales, formación aca-démica y complementaria, experiencia, áreas de competencia, etcétera.

- Perfil requerido para el puesto de trabajo.

Para definir el perfil profesional requerido en un puesto, es imprescindible rea-lizar un análisis de:

a) Puesto de trabajo:

- Tareas a desempeñar.
- Funciones.
- Responsabilidad y autonomía.
- Instrumentos y materiales de trabajo.
- Estándares de rendimiento.
- Posición jerárquica dentro de la empresa (personal a cargo).
- Entorno de trabajo.

b) Requisitos para el desempeño del puesto:

- Formación académica y formación complementaria.
- Experiencia profesional.
- Conocimientos técnicos (nuevas tecnologías, idiomas, conocimientos específicos requeridos).
- Competencias personales (flexibilidad, orientación al cliente, trabajo en equipo, habilidad de comunicación, orientación a resultados, auto-nomía, autocontrol, tolerancia al estrés, iniciativa, capacidad de plani-ficación y organización, liderazgo, etcétera).

Con toda la información recabada mediante el análisis del puesto, podrá defi-nirse el perfil profesional requerido que servirá como guía para la selección de los candidatos.

5.5.3. Procesos de generación de la oferta de empleo y contratación

La oferta de empleo es la solicitud de personal planteada por la empresa con el fin de cubrir uno o varios puestos de trabajo. Las ofertas surgen de una serie de necesidades detectadas en la empresa. Los servicios de intermediación laboral deberán llevar a cabo acciones de prospección de mercado para identificar oportunidades de empleo. El contacto con las empresas es básico para lograr la inserción laboral de las personas con discapacidad.

Para articular los procesos de intermediación laboral, es indispensable que las necesidades de la empresa, una vez sean identificadas, se concreten en una oferta de empleo.

La oferta de empleo debe incluir información relativa a:

- Requisitos del candidato: requisitos formativos, experiencia previa, conocimientos específicos, habilidades exigidas y otros requisitos.

- Tareas y funciones que se deben desempeñar.

- Condiciones laborales: horario, retribución, tipo de contratación, etcétera.

EJEMPLO DE OFERTA DE EMPLEO

PUESTO DE TRABAJO (*denominación del puesto*)

N.º DE VACANTES

DESCRIPCIÓN (*descripción de tareas y funciones*)

REQUISITOS:
- Formación
- Experiencia
- Habilidades y competencias

SE OFRECE:

Tipo de contrato (indefinido, sustitución, de duración determinada...)
- Salario
- Horario
- Otros

Una vez generada la oferta de empleo, el servicio de intermediación laboral preseleccionará a los candidatos y realizará una comprobación de los requisitos exigidos y de la disponibilidad de los mismos. Tras esta fase, se llevará a cabo el análisis de cada candidatura y la selección final de los candidatos, los cuales serán presentados a la empresa para su posible contratación.

5.5.4. Flujos de información: *inputs* y *outputs*

Una comunicación fluida entre los agentes que intervienen en los procesos de intermediación laboral es imprescindible para el éxito de los mismos. Los flujos de comunicación serán bidireccionales: *inputs* (información desde la empresa hacia el servicio de intermediación) y *outputs* (información ofrecida por el servicio de intermediación a la empresa).

- *Información que se facilita a la empresa o institución* (outputs)

  Los servicios de intermediación laboral deberán facilitar a las empresas e instituciones información relativa a: tipo de servicio que se ofrece, entidad que lo ofrece y características del servicio. Esta información se puede hacer llegar a través de diferentes vías como:

  — Anuncios

  — *Mailings*

  — Folletos informativos

  — Contactos telefónicos

  Una vez realizado el sondeo de necesidades de la empresa y definido la oferta de trabajo, se facilitará a la empresa información referente a los candidatos seleccionados por el servicio de intermediación.

- *Información que se recibe de la empresa o institución* (inputs)

  La empresa informará acerca de las características del puesto, perfil profesional requerido y condiciones laborales ofertadas. Una vez recibidas las candidaturas, también deberá dar información acerca del candidato seleccionado y su contratación.

  Puede acordarse con la empresa que esta proporcione información del candidato contratado una vez que este se haya incorporado a la plantilla, a efectos de seguimiento y evaluación del programa de intermediación.

5.5.5. Relaciones con los departamentos de recursos humanos

En la actividad de intermediación laboral, el contacto con los departamentos de recursos humanos de las empresas es fundamental para el correcto desempeño de las siguientes tareas:

- Concreción de la oferta de empleo (definición del perfil profesional requerido, las funciones a desempeñar y las condiciones laborales del puesto).

- Comunicación para la presentación de candidatos al puesto de trabajo ofertado.

- Seguimiento del proceso de intermediación laboral.

- En caso de contratación, seguimiento del trabajador en la empresa.

5.5.6. Guía de gestión de la intermediación laboral

Para la adecuada gestión de los servicios de intermediación laboral es de gran utilidad la elaboración de una guía o manual de procedimiento que englobe toda la información necesaria para el correcto funcionamiento del servicio.

La guía puede contener información muy diversa dependiendo de la entidad que gestione el servicio, incluyendo procedimientos o indicaciones acerca de:

- Difusión e información del servicio.

- Captación y gestión de ofertas de empleo.

- Preselección y selección de los candidatos, así como de presentación de candidaturas a la empresa.

- Seguimiento y evaluación del proceso.

- Buenas prácticas en la intermediación laboral.

Las guías de gestión de la intermediación laboral son documentos que guían la actividad de los técnicos de intermediación, homogeneizando los procedimientos y métodos utilizados, asegurando así la calidad del servicio.

RESUMEN

— Las iniciativas de integración sociolaboral de personas con discapacidad pueden dividirse en función de su ámbito geográfico de actuación: europeo, estatal y autonómico.

— Las principales políticas e iniciativas de integración laboral de las personas con discapacidad a nivel europeo son: la Carta de los Derechos Fundamentales de la Unión Europea (2000/C 364/01), la Convención sobre los derechos de las personas con discapacidad de las Naciones Unidas y la Estrategia sobre los derechos de las personas con discapacidad 2021-2030.

— A nivel estatal, destaca la Estrategia Española sobre Discapacidad 2022-2030.

— El mercado de trabajo es el lugar en el que confluyen la oferta y la demanda de trabajo (donde se intercambian los servicios de trabajo).

— Los tres elementos que componen el mercado de trabajo son la oferta, la demanda y los intermediarios.

— El acceso al mercado laboral puede realizarse a través de tres grandes vías: empleo público, empleo privado y autoempleo.

— Las principales vías de acceso al empleo privado son: Servicios Públicos de Empleo, agencias de colocación, consultoras de selección, empresas de trabajo temporal, portales de empleo, bolsas de empleo y medios de comunicación.

— La responsabilidad social de las empresas consiste en contribuir de manera voluntaria a la mejora social, económica y medioambiental de su entorno.

— Un contrato de trabajo es un acuerdo entre empresario y trabajador por el que este se obliga a prestar determinados servicios profesionales por cuenta del empresario, bajo su dirección y a cambio de una retribución.

— La jornada de trabajo es el tiempo durante el cual el trabajador se encuentra realizando su actividad profesional. Su duración máxima son cuarenta horas semanales.

— El salario está constituido por la totalidad de las percepciones económicas de los trabajadores, ya sea en dinero o en especie, por la prestación profesional de los servicios laborales por cuenta ajena.

— La intermediación laboral se entiende como el conjunto de acciones encaminadas a poner en contacto las ofertas de trabajo de las empresas e instituciones con los trabajadores que buscan un empleo.

— Las fases de la intermediación laboral son: captación de ofertas de empleo, búsquedas de candidaturas, envío de las candidaturas, seguimiento y cierre.

AUTOEVALUACIÓN

5.1.   Uno de los ámbitos prioritarios de la Estrategia sobre los derechos de las personas con discapacidad 2021-2030 tiene como objetivo eliminar las barreras que impiden o dificultan el acceso de las personas con discapacidad, ¿cuál es?

a)   Acción exterior.

b)   Participación.

c)   Accesibilidad.

5.2.   Para fomentar la contratación de las personas con discapacidad...

a)   Se bonifican las cuotas empresariales de la Seguridad Social para colectivos de personas con discapacidad, solo en los contratos a tiempo completo.

b)   Se bonifican las cuotas empresariales de la Seguridad Social para colectivos de personas con discapacidad (a partir de un grado reconocido del 33 %).

c)   No se bonifican las cuotas empresariales de la Seguridad Social para colectivos de personas con discapacidad.

5.3.   En el mercado de trabajo ¿qué papel ocupan las empresas o empleadores que compran servicios?

a)   Oferta.

b)   Demanda.

c)   Intermediarios.

5.4.   Cuando hay más desempleados que empleos a cubrir se habla de:

a)   Desequilibrio en el mercado de trabajo por exceso de oferta.

b)   Desequilibrio en el mercado de trabajo por exceso de demanda.

c)   Equilibrio en el mercado de trabajo.

5.5.   La vía de acceso al mercado laboral que implica una relación contractual entre el trabajador y el empleador es:

a)   Empleo público.

b)   Empleo privado.

c)   Autoempleo.

5.6. ¿Cómo se denominan las empresas cuya actividad consiste en contratar trabajadores y ponerlos a disposición de otra empresa para que realicen un trabajo concreto?

a) Consultoras de selección.

b) Empresas de trabajo temporal.

c) Agencias de colocación.

5.7. ¿Qué entidades hacen labores de intermediación laboral en coordinación y/o colaboración con los servicios públicos de empleo?

a) Consultoras de selección.

b) Empresas de trabajo temporal.

c) Agencias de colocación.

5.8. ¿Qué tipo de estructura organizativa en las empresas se fundamenta en la autoridad y la estabilidad de la jerarquía de mando?

a) Funcional.

b) Lineal.

c) Matricial.

5.9. Señala la opción correcta en relación al contrato temporal:

a) Debe estar motivado por circunstancias previsibles.

b) Debe estar motivado por circunstancias imprevisibles.

c) Puede estar motivado por circunstancias previsibles o imprevisibles.

5.10. El cierre de los procesos de intermediación laboral puede darse:

a) Cuando se cierre la oferta con resultado de contratación (ya sea mediante la intermediación laboral o por otras vías).

b) Cuando la empresa decida voluntariamente abandonar el proceso de selección.

c) Las respuestas a) y b) son correctas.

CASOS PRÁCTICOS

5.1. Estrategia Española sobre Discapacidad 2022-2030.

Localiza en internet la Estrategia Española sobre Discapacidad 2022-2030 y lee con detenimiento los objetivos marcados para cada uno de sus ejes estratégicos. Responde a las siguientes preguntas:

- ¿Qué objetivos se marcan con respecto al empleo de las personas con discapacidad?

- ¿En qué ejes estratégicos se enmarcan los objetivos relacionados en el empleo?

- ¿Qué tipo de medidas concretas y líneas de actuación podrían desarrollarse a partir de ellos?

- ¿Qué retos o dificultades existen para implementar las actuaciones que persigan los objetivos propuestos?

5.2. Sensibilización para la contratación de personas con discapacidad.

Como persona experta en inserción sociolaboral de personas con discapacidad, una de sus funciones puede ser contactar con empresas para sensibilizar sobre las ventajas de contratar a personas con discapacidad. Para ello, diseña un folleto o guía que tenga como objetivo sensibilizar a las empresas para favorecer la contratación inclusiva.

Incluye los siguientes apartados:

1. Introducción: breve descripción del propósito del folleto (promover la contratación inclusiva y sus beneficios tanto para la empresa como para la sociedad en general).

2. Sección 1: Beneficios de la contratación inclusiva:
   a. Estadísticas positivas sobre el desempleo laboral de personas con discapacidad.
   b. Ventajas económicas, bonificaciones y ayudas a la contratación.
   c. Mejora de la imagen de marca y reputación corporativa.

3. Sección 2: Mitos y realidades:
   a. Desmitificación de ideas erróneas comunes sobre contratar a personas con discapacidad.
   b. Ejemplos de empresas exitosas que han implementado políticas de inclusión laboral.

4. Sección 3: Herramientas y recursos de apoyo:
    a. Consejos para crear un entorno de trabajo inclusivo y accesible.
    b. Información sobre adaptaciones laborales y accesibilidad en el lugar de trabajo.
    c. Información sobre programas u organizaciones —públicas y/o privadas— que brindan apoyo y recursos para la contratación inclusiva.

GLOSARIO

- **Agencia de colocación:** entidad pública o privada autorizada para prestar servicios de intermediación laboral, facilitando la inserción de personas desempleadas en el mercado laboral mediante la búsqueda de empleo, asesoramiento laboral y orientación profesional.

- **Autoempleo:** modalidad de empleo en la que una persona trabaja por cuenta propia, siendo responsable de su propio negocio o actividad económica, sin depender de un empleador directo. Implica la creación y gestión de un negocio propio, asumiendo riesgos y responsabilidades empresariales.

- **Contrato de trabajo:** acuerdo entre empresario y trabajador por el que este se obliga a prestar determinados servicios profesionales por cuenta del empresario, bajo su dirección y a cambio de una retribución.

- **Convenio colectivo:** acuerdo negociado entre los representantes de los trabajadores y los empleadores de un sector, empresa o territorio que establece las condiciones de trabajo y los derechos laborales de los empleados, superando en muchos aspectos los mínimos establecidos por la ley.

- **Discriminación indirecta:** existe cuando una disposición legal o reglamentaria, una cláusula convencional o contractual, un pacto individual, una decisión unilateral o un criterio o práctica, o bien un entorno, producto o servicio, aparentemente neutros, puedan ocasionar una desventaja particular a una persona respecto de otras por motivo de o por razón de discapacidad, siempre que objetivamente no respondan a una finalidad legítima y que los medios para la consecución de esta finalidad no sean adecuados y necesarios.

- **Empresa:** organización con fines lucrativos que realiza actividades dirigidas a la satisfacción de las necesidades del mercado. El objetivo general de las empresas privadas es maximizar los beneficios económicos obtenidos mediante la producción de bienes o servicios.

- **Empresas de trabajo temporal (ETT):** empresas cuya actividad consiste en contratar trabajadores y ponerlos a disposición de otra empresa (empresa usuaria) para que realicen un trabajo concreto. Los trabajadores son cedidos de forma temporal a las empresas usuarias, aunque es la ETT quien se encarga de la contratación, pago de sueldos, gestiones y gastos con la Seguridad Social, etcétera.

- **Estatuto de los Trabajadores:** normativa laboral fundamental en España que establece los derechos y obligaciones de los trabajadores y empleadores, así como las condiciones de trabajo, los contratos laborales, los salarios mínimos, las jornadas laborales, las vacaciones, entre otros aspectos relevantes para las relaciones laborales.

- **Intermediación laboral:** proceso mediante el cual se conecta a los demandantes de empleo con las ofertas de trabajo disponibles en el mercado laboral, facilitando el encuentro entre la oferta y la demanda de trabajo a través de servicios como la búsqueda de empleo, selección de personal y asesoramiento laboral.

- **Jornada laboral:** tiempo durante el cual el trabajador se encuentra realizando su actividad profesional. Su duración no puede ser mayor a la del convenio colectivo aplicable.

- **Medidas de acción positiva:** aquellas medidas de carácter específico consistentes en evitar o compensar las desventajas derivadas de la discapacidad y destinadas a acelerar o lograr la igualdad de hecho de las personas con discapacidad y su participación plena en los ámbitos de la vida política, económica, social, educativa, laboral y cultural, atendiendo a los diferentes tipos y grados de discapacidad.

- **Mercado de trabajo:** espacio donde se encuentran la oferta y la demanda de trabajo. Incluye a todas las personas que están buscando empleo (oferta laboral) y a todas las empresas y organizaciones que están buscando trabajadores (demanda laboral), así como los mecanismos e instituciones que facilitan la relación entre ambas partes.

- **Normativa laboral:** conjunto de leyes, reglamentos y disposiciones legales que regulan las relaciones laborales entre empleadores y trabajadores, así como las condiciones de trabajo, los derechos y obligaciones de las partes involucradas, la seguridad y salud laboral, entre otros aspectos relacionados con el trabajo.

- **Perfil profesional:** conjunto de características, habilidades, conocimientos y experiencias que definen a un individuo en el ámbito laboral y que lo hacen apto para desempeñar determinadas funciones u ocupar ciertos puestos de trabajo.

- **Responsabilidad social de las empresas (RSE):** también conocida como responsabilidad social corporativa, consiste en contribuir de manera voluntaria a la mejora social, económica y medioambiental de su entorno. La RSE implica poner en marcha una serie de acciones que tengan repercusiones positivas en la sociedad (más allá del simple cumplimiento de las obligaciones legales).

- **Salario:** remuneración económica que recibe una persona trabajadora por los servicios prestados a una empresa o empleador. Es el pago que se realiza de forma regular y periódica, generalmente mensual, y puede ser fijo o variable según el acuerdo establecido en el contrato de trabajo o la normativa laboral aplicable. El salario puede estar compuesto por diferentes conceptos, como el sueldo base, las horas extras, los incentivos, las comisiones, los bonos, las prestaciones sociales, entre otros.

- **Sensibilización:** proceso mediante el cual se busca generar conciencia, empatía y comprensión hacia determinadas problemáticas, situaciones o colectivos, con el objetivo de promover actitudes y comportamientos más solidarios, inclusivos y respetuosos.

MAPA CONCEPTUAL

MERCADO LABORAL E INSERCIÓN SOCIOLABORAL DE PERSONAS CON DISCAPACIDAD

POLÍTICAS E INICIATIVAS DE INTEGRACIÓN LABORAL DE LAS PERSONAS CON DISCAPACIDAD

MERCADO DE TRABAJO

CERTIFICADO DE DISCAPACIDAD

- Políticas e iniciativas a nivel europeo:
  · Carta de los Derechos Fundamentales de la Unión Europea (2000/C 364/01).
  · Convención sobre los derechos de las personas con discapacidad de las Naciones Unidas.
  · Estrategia sobre los derechos de las personas con discapacidad 2021-2030.
- Políticas e iniciativas a nivel estatal:
  · Estrategia Española sobre Discapacidad 2022-2030.
- Políticas e iniciativas a nivel autonómico.

Oferta-intermediarios-demanda. Vías de acceso al mercado de trabajo:
- Oferta pública de empleo.
- Oferta privada.
- Autoempleo.

- Conocimiento de la normativa laboral y tipos de ayudas o bonificaciones por la contratación de personas con discapacidad.
- Pautas de actuación con empresas e instituciones para la intermediación laboral:
  · Captación de ofertas de empleo.
  · Búsquedas de candidaturas.
  · Envío de candidaturas.
  · Seguimiento y cierre.
- Acciones de sensibilización para la contratación de personas con discapacidad.
- Estudio de perfiles profesionales.
- Relaciones con empresas.
- Creación de guías.

6. Análisis de puestos de trabajo para la inserción sociolaboral de personas con discapacidad

Introducción

Para lograr el ajuste idóneo entre el puesto y el trabajador, es fundamental analizar ambos componentes. En el caso del análisis de puestos de trabajo, se debe recabar información acerca de cuestiones como ¿qué hace el trabajador?, ¿por qué lo hace?, ¿cómo lo hace?, ¿qué habilidades o conocimientos necesita para desempeñar correctamente el puesto?, etcétera.

> *El análisis de puestos de trabajo es el procedimiento para determinar las obligaciones y habilidades requeridas por un puesto de trabajo, así como el tipo de individuo idóneo para ocuparlo.*
>
> Gary Dessler (2005).

Un análisis de puestos es el procedimiento para la obtención de información, mientras que la descripción de puestos de trabajo es una exposición estructurada y sistematizada en la que se recoge toda la información obtenida previamente (documento o inventario escrito).

El análisis y descripción de puestos de trabajo es una herramienta útil para la selección y adecuación de personal, la valoración de puestos de trabajo, la evaluación del desempeño, políticas de formación, desarrollo y promoción, diseño y organización empresarial, etcétera.

Contenido

6.1. Puesto de trabajo: estudio y contextualización

El análisis de puestos de trabajo (APT) estudiará tanto caracterísicas del puesto como los requisitos del candidato.

La inserción laboral se ve favorecida cuando se dispone de herramientas fiables para describir los puestos de trabajo e identificar el perfil profesional que este demanda (conocimientos, habilidades, destrezas...). A través de un proceso de análisis de puestos se puede seleccionar al candidato idóneo y, además, diseñar un sistema de capacitación que dote a las personas con discapacidad de las habilidades y conocimientos necesarios para acceder al puesto de trabajo. De esta manera, los requerimientos de un puesto se traducirían en la guía de aprendizaje para la capacitación.

El análisis de puestos de trabajo deberá analizar aspectos como:

a) Requisitos y responsabilidades:

- Requisitos físicos:

    — Esfuerzo físico necesario.

    — Condiciones físicas requeridas.

    — Destrezas o habilidades.

- Requisitos intelectuales:

    — Aptitudes y capacidades.

    — Competencias.

    — Formación necesaria.

    — Experiencia requerida.

- Responsabilidad.

b) Contenido del puesto

- Descripción del trabajo.

- Tareas y funciones.

- Materiales, herramientas, equipos...

c) Condiciones de trabajo

- Ambiente de trabajo.

- Riesgos laborales asociados.

Actividad propuesta 6.1.

Realiza un análisis y descripción del puesto de trabajo de recepcionista, incluyendo información relativa a:
- Requisitos (físicos e intelectuales).
- Contenido del puesto (descripción, tareas, funciones, material, herramientas y equipos a utilizar).

6.2. Funciones, tareas, habilidades y capacidades requeridas

Para un correcto análisis de puestos de trabajo (APT), deberán definirse, en primer lugar, las funciones o tareas que componen un determinado puesto y, en segundo lugar, describir las habilidades y capacidades que se requieren para su desempeño óptimo.

Las **funciones** o **tareas** son el conjunto de actividades que realiza en trabajador en su puesto de trabajo. Las **habilidades** y **capacidades** son las facultades o destrezas que permiten a la persona realizar una tarea. Puede referirse a actividades motoras (por ejemplo, destreza manual) o cognitivas (por ejemplo, creatividad).

Cada puesto de trabajo engloba unas funciones y tareas diferentes y, por lo tanto, requiere unas habilidades distintitas en cada caso.

6.3. Indicadores y pautas para el análisis de puestos de trabajo

En los procesos de análisis y descripción de puestos de trabajo, se siguen las siguientes fases o etapas:

1. Definición de objetivos y planificación.

2. Elección del método de recogida de información y desarrollo del mismo (elaboración del cuestionario, redacción de preguntas para la entrevista o aspectos a tratar, etcétera).

3. Recogida de información.

4. Análisis de la información.

5. Elaboración de la descripción del puesto de trabajo.

Con el objetivo de recabar la información necesaria, en el análisis de puesto de trabajo se utilizan diferentes procedimientos, entre los que destacan:

a) Observación directa:

Consiste en la observación del trabajador mientras desempeña sus tareas. Es un método adecuado para trabajos de tipo manual o repetitivo. Es un método poco usado debido a su alto coste y a la posibilidad de interferir en el comportamiento del trabajador.

b) Cuestionario o ficha de descripción del puesto:

Los cuestionarios son registros que incluyen preguntas relativas al puesto de trabajo. Son cumplimentados por los trabajadores y revisados por sus superiores. No suele aplicarse en empleos de baja cualificación. Como paso previo a la aplicación del cuestionario, se deben diseñar las preguntas, elaborar el cuestionario y definir la forma de aplicación.

c) Entrevista:

Ofrece información amplia y detallada sobre el puesto. Se realizan de manera individual o grupal a los responsables o supervisores o bien a los propios trabajadores. Es la técnica más utilizada y requiere de una preparación del entrevistador (o analista). Generalmente, se realizan entrevistas semiestructuradas (el entrevistador dispone de un guion de preguntas preestablecidas).

d) Diario de campo:

El diario es un método de autoinforme en el que el trabajador que ocupa el puesto lleva a cabo un registro de todas las funciones y tareas que realiza, así como el tiempo que dedica a cada una de ellas.

e) Comité de expertos:

Se trata de una reunión en la que participan expertos en un puesto de trabajo con el objetivo de reunir información específica sobre la ocupación. Al analizar puestos para la inserción laboral para diferentes colectivos, es importante contar con el asesoramiento de las propias personas con diferentes discapacidades.

Ejemplo de cuestionario «DESCRIPCIÓN DE PUESTOS DE TRABAJO»

I. **Identificación del puesto**

Denominación

Departamento

Categoría profesional

Lugar de trabajo

II. **Funciones y tareas**

Función o tareas principales

Función o tareas auxiliares

Persona y/o departamento que le asigna tareas

Instrumentos, herramientas y/o recursos necesarios para desempeñar las tareas

III. **Organigrama**

Organigrama en el que se represente gráficamente la posición jerárquica dentro de la empresa

Identificación del nivel de responsabilidad y personal a cargo

Relaciones con otros departamentos

IV. **Requisitos del trabajador**

Formación

Experiencia

Conocimientos

Habilidades personales

Otros

Actividad propuesta 6.2.

Elabora un guion para una entrevista semiestructurada para recabar la información necesaria en el análisis de un puesto de trabajo. Incluye preguntas referentes a:

- Identificación del puesto
- Funciones y tareas
- Requisitos del trabajador
- Posición jerárquica dentro de la empresa

6.4. Procedimientos para la identificación de necesidades. Evaluación de las condiciones de trabajo

La evaluación de las condiciones de trabajo consiste en la identificación de los posibles riesgos en el lugar de trabajo y la adopción de medidas preventivas correspondientes.

Los riesgos en el lugar de trabajo pueden provocar daños en las personas como accidentes de trabajo, enfermedades profesionales, fatiga física o mental, insatisfacción, estrés u otras patologías.

El procedimiento para identificar las condiciones de trabajo y minimizar los posibles riesgos implica evaluar las siguientes dimensiones:

a) **Condiciones de seguridad:**

Las condiciones de seguridad son entendidas como la presencia de agentes materiales que presentan deficiencias o factores de riesgo. Ejemplos de estos agentes son: máquinas, herramientas, manipulación de objetos, instalación eléctrica, sustancias peligrosas, aparatos a presión, instalaciones, vehículos para elevación y transporte, etcétera.

b) **Condiciones ambientales:**

Las condiciones ambientales hacen referencia a la presencia de agentes físicos, químicos o biológicos presentes en el lugar de trabajo y que pueden afectar negativamente a la salud del trabajador. Ejemplos de estos agentes son: contaminantes (químicos y biológicos), ruido, ventilación, climatización, iluminación, vibraciones, radiaciones (ionizantes y no ionizantes), etcétera.

c) **Carga de trabajo:**

La carga de trabajo se define como el conjunto de requerimientos, tanto físicos como mentales, a los que está sometido el trabajador.

- La **carga física** está causada por la realización de esfuerzos estáticos o dinámicos, posturas forzadas, ausencia de pausas o descansos o movimientos repetitivos.

- La **carga mental** está determinada por la cantidad de información que el trabajador debe tratar en un tiempo determinado (recepción de información, análisis y procesamiento de la misma y generación de la respuesta adecuada).

d) **Organización del trabajo:**

Los factores organizativos que pueden afectar a la salud del trabajador son, entre otros, monotonía, autonomía, contenido de las tareas (posibilidad de aplicar conocimientos y habilidades), posibilidad de participación y relación con otros trabajadores, trabajo a turnos, trabajo nocturno, etcétera.

Una vez evaluadas las condiciones de trabajo y los riesgos existentes en el lugar de trabajo, es preciso la aplicación de medidas preventivas o correctoras y el seguimiento de la eficacia de las mismas.

Evaluación de condiciones de trabajo	Identificación de riesgos	Eliminación del riesgo y/o aplicación de medidas preventivas	Seguimiento y control

---

Actividad propuesta 6.3.

Completa las siguientes frases:

a. Las condiciones de _____ son entendidas como la presencia de agentes materiales que presentan deficiencias o factores de riesgo.

b. Las condiciones _____ hacen referencia a la presencia de agentes físicos, químicos o biológicos presentes en el lugar de trabajo y que pueden afectar negativamente a la _____ del trabajador.

c. La _____ está causada por la realización de esfuerzos estáticos o dinámicos, posturas forzadas, ausencia de pausas o descansos o movimientos repetitivos.

d. La _____ está determinada por la cantidad de información que el trabajador debe tratar en un tiempo determinado.

6.5. Características de la adaptación de puestos de trabajo. Medidas

Con el objetivo de que las personas con discapacidad puedan acceder a un puesto de trabajo y desempeñar sus tareas con seguridad, eficacia y comodidad, se plantea la necesidad de adaptar los puestos de trabajo.

La necesidad de adaptar los puestos de trabajo viene recogida en diferentes normativas, entre las que destacan la Directiva Europea 2000/78/CE y la Ley General de derechos de las personas con discapacidad y de su inclusión social.

La **Directiva Europea 2000/78/CE**, de 27 de noviembre de 2000, supone un marco general para la igualdad de trato en el empleo. En esta normativa se legitima la discriminación positiva, reconociéndose el derecho a la realización de los *ajustes razonables* para la inclusión laboral de las personas con discapacidad.

> *A fin de garantizar la observancia del principio de igualdad de trato en relación con las personas con discapacidad, se realizarán ajustes razonables. Esto significa que los empresarios tomarán las medidas adecuadas en función de las necesidades de cada situación concreta, para permitir a las personas con discapacidades acceder al empleo, tomar parte del mismo o progresar profesionalmente, o para que se les ofrezca formación, salvo que esas medidas supongan una carga excesiva para el empresario. La carga no se considerará excesiva cuando sea paliada en grado suficiente mediante medidas existentes en la política del Estado miembro sobre discapacidades.*
>
> Artículo 5. Directiva 2000/78/CE, de 27 de noviembre de 2000 del Consejo de la Unión Europea, relativa al establecimiento de un marco general para la igualdad de trato en el empleo y la ocupación.

Ajuste razonable

Los ajustes o adaptaciones razonables son las medidas de adecuación del ambiente físico, social y actitudinal a las necesidades específicas de las personas con discapacidad que, de forma eficaz y práctica, y sin que suponga una carga desproporcionada, faciliten la accesibilidad o participación de una persona con discapacidad en igualdad de condiciones que el resto de los ciudadanos.

Ley General de derechos de las personas con discapacidad y de su inclusión social incluye las medidas que se deben tomar para adaptar los puestos de trabajo a las personas con discapacidad:

> 1. *Para garantizar la plena igualdad en el trabajo, el principio de igualdad de trato no impedirá que se mantengan o adopten **medidas específicas** destinadas a prevenir o compensar las desventajas ocasionadas por motivo de discapacidad.*
>
> 2. *Los empresarios están obligados a adoptar las medidas adecuadas para la **adaptación del puesto de trabajo y la accesibilidad de la empresa,** en función de las necesidades de cada situación concreta, con el fin de permitir a las personas con discapacidad acceder al empleo, desempeñar su trabajo, progresar profesionalmente y acceder a la formación, salvo que esas medidas supongan una carga excesiva para el empresario.*
>
> *Para determinar si una carga es excesiva se tendrá en cuenta si es paliada en grado suficiente mediante las medidas, ayudas o subvenciones públicas para personas con discapacidad, así como los costes financieros y de otro tipo que las medidas impliquen y el tamaño y el volumen de negocios total de la organización o empresa.*
>
> Artículo 40 del Real Decreto Legislativo 1/2013, de 29 de noviembre, por el que se aprueba el Texto Refundido de la Ley General de derechos de las personas con discapacidad y de su inclusión social.

Por otro lado, la normativa actual establece que las empresas podrán beneficiarse de ayudas específicas para la adaptación de puestos de trabajo y la mejora de la accesibilidad. La **accesibilidad universal** se define como la condición que deben cumplir los entornos, procesos, bienes, productos y servicios, así como los objetos, instrumentos, herramientas y dispositivos para ser comprensibles, utilizables y practicables por todas las personas en condiciones de seguridad y comodidad y de la forma más autónoma y natural posible. En la accesibilidad universal está incluida la accesibilidad cognitiva para permitir la fácil comprensión, la comunicación e interacción a todas las personas. La accesibilidad cognitiva se despliega y hace efectiva a través de la lectura fácil, sistemas alternativos y aumentativos de comunicación, pictogramas y otros medios humanos y tecnológicos disponibles para tal fin. Presupone la estrategia de «diseño universal o diseño para todas las personas», y se entiende sin perjuicio de los ajustes razonables que deban adoptarse.

Las adaptaciones de los puestos de trabajo deben realizarse de forma individualizada, analizando las relaciones trabajador-puesto. Para ello, es necesario analizar dos variables:

- Exigencias del puesto: demandas para el desempeño de las tareas, habilidades, destrezas y conocimientos requeridos, necesidad de uso de herramientas, maquinaria, material, etcétera.

- Capacidad del trabajador: capacidad física, psíquica y sensorial, así como capacidad de aprendizaje y habilidades, destrezas y conocimientos de los que dispone.

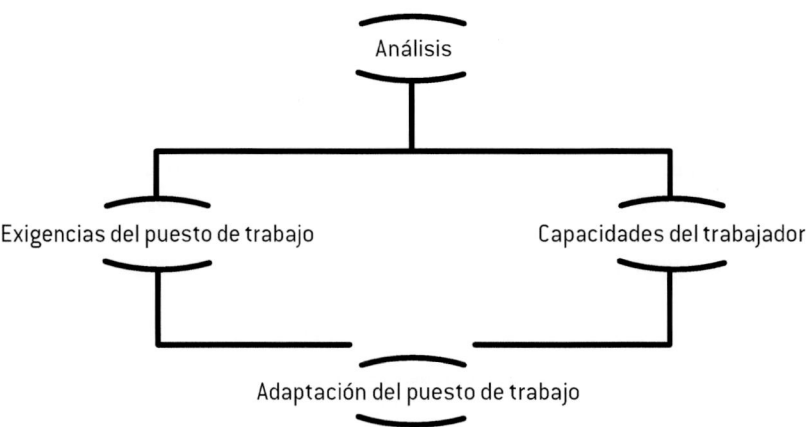

Las fases para la adaptación de puestos son:

1. Identificación de las tareas a realizar, tanto las desempeñadas a diario como las periódicas u ocasionales. Una vez enumeradas las tareas del puesto, es preciso dividirlas en subtareas o unidades más simples. Por ejemplo, la tarea «recepción de llamadas» puede dividirse en las siguientes subtareas:

oír el timbre, desplazarse hasta el teléfono, descolgar y sostener el auricular, escuchar al interlocutor y comunicarse verbalmente.

2. Especificar las herramientas o materiales a utilizar y qué demandas plantean (físicas, cognitivas, sensoriales).

3. Identificar las demandas requeridas en cada tarea, como son:

4. Demandas físicas: movimientos, posturas, zonas de alcance, fuerza, etcétera.

5. Demandas cognitivas: cantidad de información recibida y complejidad de la misma, tiempo disponible para procesar la información y emitir una respuesta, etcétera.

6. Demandas sensoriales: auditivas, visuales...

7. Demandas sociales y de comunicación: interacciones, relaciones, habla...

8. Evaluación y valoración del entorno de trabajo y accesibilidad.

9. Valoración de las capacidades del trabajador y su ajuste a las demandas del puesto.

10. Adaptación del puesto de trabajo.

11. Seguimiento: una vez realizadas las adaptaciones pertinentes, conviene realizar un seguimiento para verificar la efectividad de las medidas adoptadas.

Productos de apoyo

Para la adaptación de puestos de trabajo, existen multitud de productos de apoyo, los cuales son «dispositivos, instrumentos, equipos o tecnologías fabricados para prevenir, compensar, controlar, mitigar o neutralizar deficiencias, limitaciones en la actividad y restricciones en la participación» (Norma Internacional ISO 9999:2022).

Dependiendo del tipo de discapacidad, podrán utilizarse diferentes productos de apoyo para la adaptación de puestos de trabajo. Algunos ejemplos son:

• *Discapacidad visual:*

    a) Acceso al ordenador:

        — Ayudas para leer el monitor:

            - Dispositivos que muestran en sistema braille aquello que aparece en la pantalla del ordenador.

            - *Software* que amplía el texto de la pantalla del ordenador.

- *Software* que permite reproduce el contenido de la pantalla mediante una voz artificial.

— Brazos posicionares de monitor:

- Dispositivos para colocar el monitor en una posición adecuada para que la persona pueda verlo correctamente.

— Ayudas para el teclado:

- Teclados ampliados con teclas de gran tamaño y caracteres en negro sobre color blanco.

- Teclado con teclas de gran tamaño y diferentes colores (en función de si las letras son vocales, consonantes, números o funciones).

- Teclado braille.

— Ayudas para la impresión:

- Dispositivos para imprimir documentos en formato braille.

— Otros programas:

- *Software* que permite transcribir textos al formato braille.

- Programa para crear archivos de audio a partir de textos escritos.

b) Acceso a la lectura:

— Reproductores de audio especiales:

- Dispositivos para la reproducción de libros en formato DAISY (Digital Accesible Information System). Un libro en formato DAYSY (dirigido principalmente a personas con discapacidad visual) contiene la narración del texto en audio y permite navegar fácilmente entre diferentes puntos del contenido.

— Lupas electrónicas:

- Dispositivo aumentan los textos o imágenes impresas.

— Lectores autónomos:

- Dispositivos capaces de reproducir mediante una voz artificial textos impresos.

c) Acceso al teléfono:

— Teléfonos:

- Teléfonos con amplificación de sonido de llamada y voz, y teclas grandes.

— *Software* para teléfonos móviles:

- *Software* que amplía el texto de la pantalla de teléfonos móviles.

- *Software* que lee el texto de la pantalla del teléfono móvil mediante una voz artificial.

d) Ayuda a la movilidad:

— Navegadores:

- Navegadores GPS portátiles que indican mensajes a través de una voz artificial.

- *Discapacidad auditiva:*

a) Acceso al teléfono:

— Amplificadores de teléfono:

- Dispositivos que amplifican el sonido del auricular del teléfono.

- Teléfonos con amplificación de sonido de llamada y voz.

— Teléfonos especiales:

- Teléfono de texto portátil que permite realizar llamadas telefónicas con otros terminales semejantes.

- Videoteléfonos con pantalla.

— Audición a través de bucles magnéticos:

- Dispositivos que envían la señal de audio directamente al audífono de la persona.

- *Discapacidad física:*

a) Acceso al ordenador:

— Pulsadores:

- Dispositivos para controlar los aparatos que dispongan de sistema de barrido (ordenador, comunicador, etcétera).

— Ayudas para el teclado:

- Dispositivos para apoyar el antebrazo.

- *Software* de teclado virtual que permite escribir en el ordenador sin tener que pulsar las teclas en el teclado.

— Ayudas para el ratón:

- Ratón adaptado para ser utilizado con la boca.

- Ratón adaptado para ser utilizado con la cabeza.

- Ratón adaptado para ser utilizado con el mentón.
- Ratón de bola (el movimiento del puntero se realiza mediante una bola de gran tamaño).
- Ratón de *joystick*.
- Ratón virtual que se visualiza en la pantalla del ordenador.

— Monitores:

- Monitor táctil.

b) Colocación de aparatos dentro del alcance:

— Brazos articulados o posicionadores:

- Dispositivos que permiten sujetar objetos como pulsadores, ratones o comunicadores y colocarlos en una posición adecuada para ser utilizados.

— Sistemas de fijación:

- Sistemas antideslizantes para sujetar objetos.

Actividad propuesta 6.4.

¿Podría una persona con ceguera total trabajar con un ordenador?

¿Qué tipo de productos de apoyo deberían emplearse para una persona con discapacidad visual que realice un trabajo con ordenador?

Norma de Accesibilidad Universal (UNE 170001-1)

La norma Accesibilidad Universal - UNE 170001-1 define la accesibilidad universal como «la condición que deben cumplir los entornos, procesos, bienes, productos y servicios, así como los objetos o instrumentos, herramientas y dispositivos, pasa ser comprensibles, utilizables y practicables por todas las personas en condiciones de seguridad y comodidad y de la forma más autónoma y natural posible». La UNE 170001-1 establece los **criterios DALCO**, acrónimo de:

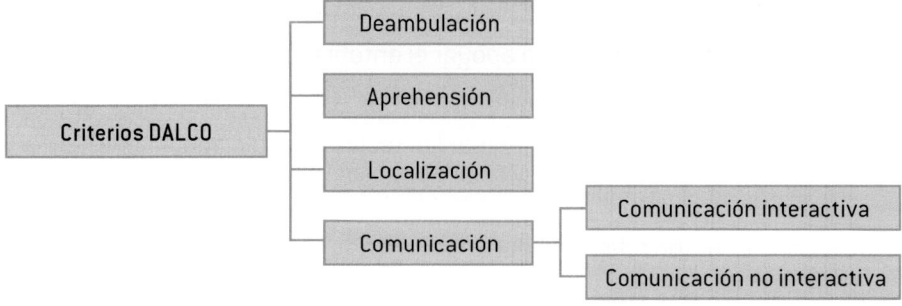

- *Deambulación:*

  Acción de desplazarse, horizontal o verticalmente, de un sitio a otro. Se debe garantizar el acceso al lugar de trabajo y el desplazamiento dentro del mismo.

  Los requisitos para la deambulación son:

  a) Pavimentos
     - Uniformidad
     - Deslizamiento
  b) Espacio de maniobra
     - Dimensiones
     - Obstáculos
     - Mobiliario, apoyos, asientos
  c) Zonas de circulación
     - Dimensiones
     - Obstáculos
     - Puertas
     - Elementos de cierre
  d) Cambios de plano
     - Escaleras
     - Rampas
     - Ascensores

- *Aprehensión:*

  La aprehensión hace referencia a la acción de coger alguna cosa u objeto.

  Los requisitos para la aprehensión son:

  a) Alcance

     Todos los mecanismos, objetos y productos que intervengan a lo largo del proceso deben estar al alcance de los usuarios, tanto en altura como en profundidad.

  b) Accionamiento

     Todos los elementos y mecanismos de acción manual deben ser fácilmente manipulables por personas con movilidad reducida:

     - Picaportes
     - Grifos

- Botones

- Interruptores

- Pomos...

c) Agarre

    — Pasamanos

    — Asas

    — Barras de apoyo

d) Transporte (carros, cestos, bolsas...)

- *Localización:*

  Acción de averiguar el lugar o momento preciso en el que está algo, alguien o puede acontecer un suceso.

  Los requisitos para la localización son:

  a) Iluminación para resaltar elementos importantes o señalizar obstáculos.

  b) Pavimento (utilización de diferentes colores y texturas para diferenciar zonas o señalizar peligros).

  c) Señalización (visual, acústica y táctil):

      — Señalización de orientación.

      — Señalización de información.

      — Señales de emergencia.

- *Comunicación:*

  Acción de intercambio de la información necesaria para el desarrollo de una actividad. Hace referencia a la comunicación interactiva y no interactiva.

  Los requisitos para la comunicación son:

  a) Comunicación no interactiva:

      — Señales escritas en paneles y carteles.

      — Medios de comunicación gráficos y escritos.

      — Señales luminosas.

      — Señales acústicas.

      — Señales táctiles.

b) Comunicación interactiva:

— Comunicación interpersonal: comunicación verbal, lenguaje de signos, etcétera.

— Comunicación unidireccional: pulsadores, teclados, paneles, pantallas táctiles, pulsadores, avisos sonoros, braille, etcétera.

DEAMBULACIÓN	Zonas de circulación	Dimensiones requeridas y libres de obstáculos Reservas de espacio Huecos de paso y puertas Elementos de cierre
	Espacios de maniobra y aproximación	Dimensiones requeridas y libres de obstáculos Diseño de equipos, mobiliario, máquinas... Ayudas para el apoyo (barras, soportes...)
	Cambios de plano	Diseño de rampas, escaleras, ascensores, plataformas... Señalización
	Pavimento	Material adecuado Antideslizante, homogéneo, compacto, no deslumbrante, etcétera.
APREHENSIÓN	Ubicación	Zonas de alcance
	Diseño	Adecuado al uso Facilidad de manejo
	Elementos para el transporte	Diseño adecuado
LOCALIZACIÓN	Señalización	Diseño adecuado para ser percibidos e interpretados correctamente
	Iluminación	Iluminación para resaltar elementos importantes o señalizar obstáculos
	Pavimento	Utilizar color y textura para diferenciar zonas o señalizar peligros
COMUNICACIÓN	Comunicación no interactiva	Paneles, medios gráficos o escritos, soportes audiovisuales, señales luminosas, acústicas o táctiles Información clara, no ambigua y garantizando la percepción
	Comunicación interactiva	Canales apropiados Mensajes claros Estudiar la necesidad de: lenguaje de signos, sistema braille u otras ayudas

Actividad propuesta 6.5.

A continuación se enumeran una serie de adaptaciones realizadas para mejorar la accesibilidad de las personas con discapacidad. Indica a qué criterio DALCO hacen referencia:

a. Instalar una tira de diferente color y textura en el borde de los escalones.

b. Ubicar los interruptores a una altura adecuada para que las personas en silla de ruedas puedan accionarlos.

c. Disponer carteles en los que se señalice la planta y la zona en la que se encuentra la persona.

d. Disponer de zonas de paso con las dimensiones necesarias y libres de obstáculos.

Medidas a adoptar para una correcta adaptación de puestos de trabajo:

a) Adaptar las instalaciones mediante rampas, ascensores, señalización de cambios de nivel o peldaños, puertas accesibles (dimensiones requeridas para el acceso de usuarios de sillas de ruedas, mangos para su apertura, apertura automática para puertas pesadas, timbres a la altura de personas en sillas de ruedas y visibles para personas con discapacidad visual, suelos antideslizantes y homogéneos, etcétera).

b) Adaptar el puesto de trabajo en cuanto a los elementos o instrumentos de trabajo (teclado braille, teléfono de manos libres, productos de apoyo, *software* de reconocimiento de voz, herramientas de magnificación y lectura de pantalla, etcétera).

c) Señalizar debidamente los obstáculos y/o peligros.

d) Diseñar manuales de consulta o instrucciones adaptados mediante elementos gráficos, ilustraciones, textos en braille, etcétera.

e) Garantizar una buena iluminación adaptada a las necesidades de las personas con discapacidad visual.

f) Realizar modificaciones específicas de la organización del trabajo, dependiendo del tipo y grado de discapacidad del trabajador: ritmo de trabajo, pausas, descansos, comunicación, reorganización de tareas, asignación de funciones, formación específica o adiestramiento, etcétera.

g) Garantizar la accesibilidad cognitiva (adaptar entornos, procesos, actividades, bienes, productos, servicios, instrumentos, herramientas y dispositivos para facilitar su comprensión y la comunicación). Algunos ejemplos de estrategias para conseguir la accesibilidad cognitiva en un espacio son:

— *Wayfinding* («encontrar el camino»): es una metodología que analiza los procesos de orientación y utiliza recursos del entorno para informar y dirigir a las personas en sus desplazamientos, como recursos de comunicación gráfica para orientar, informar, direccionar, identificar o regular (señalización, rótulos, flechas, palabras, pictogramas, codificación de colores, mapas, planos, etcétera).

— Procesamiento de la información: las personas con discapacidad pueden procesar la información de diversas maneras y con umbrales de sensibilidad distintos. Para evitar la sobrestimulación sensorial puede dificultar desenvolverse de manera autónoma y eficaz en los entornos, se recomienda: reducir los niveles de ruido, evitar el eco, favorecer el uso de la luz natural y mantener niveles estables de iluminación, evitar luces fluorescentes y deslumbramientos, evitar la sobrecarga de estímulos visuales, hacer uso moderado de ambientadores u olores fuertes…

Para garantizar la accesibilidad, es necesaria la evaluación del entorno y la validación de la información por personas con discapacidad.

RESUMEN

— Un análisis de puestos es el procedimiento para la obtención de información, mientras que la descripción de puestos de trabajo es una exposición estructurada y sistematizada en la que se recoge toda la información obtenida previamente (documento o inventario escrito).

— El análisis de puestos de trabajo estudiará tanto características del puesto como los requisitos del candidato.

— Las funciones o tareas son el conjunto de actividades que realiza el trabajador en su puesto de trabajo.

— Las habilidades y capacidades son las facultades o destrezas que permiten a la persona realizar una tarea.

— La evaluación de las condiciones de trabajo consiste en la identificación de los posibles riesgos en el lugar de trabajo y la adopción de las medidas preventivas correspondientes.

— La adaptación de los puestos de trabajo tiene como objetivo que las personas con discapacidad puedan acceder a un puesto de trabajo y desempeñar sus tareas con seguridad, eficacia y comodidad.

— La Directiva Europea 2000/78/CE, de 27 de noviembre de 2000, es un marco general para la igualdad de trato en el empleo, legitimando la discriminación positiva y reconociendo el derecho a la realización de los ajustes razonables para la inclusión laboral de las personas con discapacidad.

— Las adaptaciones de los puestos de trabajo deben realizarse de forma individualizada, analizando las relaciones trabajador-puesto.

— Para la adaptación de puestos de trabajo existen multitud de productos de apoyo. Estos son dispositivos, instrumentos, equipos o tecnologías fabricados para prevenir, compensar, controlar, mitigar o neutralizar deficiencias, limitaciones en la actividad y restricciones en la participación.

— La norma Accesibilidad Universal - UNE 170001-1 define la accesibilidad universal como «la condición que deben cumplir los entornos, procesos, bienes, productos y servicios, así como los objetos o instrumentos, herramientas y dispositivos, pasa ser comprensibles, utilizables y practicables por todas las personas en condiciones de seguridad y comodidad y de la forma más autónoma y natural posible».

— La UNE 170001-1 establece los criterios DALCO, acrónimo de: deambulación, aprehensión, localización y comunicación.

AUTOEVALUACIÓN

6.1. La carga de trabajo que está determinada por la cantidad de información que el trabajador debe tratar en un tiempo determinado se denomina:

a) Carga física.

b) Carga mental.

c) Carga psicosocial.

6.2. ¿Qué aspecto se deberá tener en cuenta en la dimensión de aprehensión (norma de Accesibilidad Universal - UNE 170001-1)?

a) Reserva de espacio para la libre circulación.

b) Iluminación correcta para resaltar elementos importantes o señalizar obstáculos.

c) Diseño de objetos adecuado que faciliten su uso y manejo.

6.3. Dentro del proceso de análisis de puestos de trabajo, ¿qué aspectos se estudian en la valoración del contenido del puesto?

a) Requisitos físicos e intelectuales.

b) Condiciones de trabajo.

c) Tareas y funciones.

6.4. ¿Qué método es poco usado debido a su alto coste en el análisis de puestos de trabajo?

a) Cuestionario.

b) Observación directa.

c) Entrevista.

6.5. ¿Cómo se denomina el método de autoinforme en el que el trabajador lleva a cabo un registro de las funciones y tareas que realiza, así como el tiempo que dedica a cada una de ellas?

a) Observación directa.

b) Ficha de descripción del puesto.

c) Diario de campo.

6.6. La presencia de agentes físicos, químicos o biológicos presentes en el lugar de trabajo y que pueden afectar negativamente a la salud del trabajador se denomina:

a) Condiciones ambientales.

b) Condiciones de seguridad.

c) Condiciones organizativas.

6.7. ¿Cómo se denominan los dispositivos o tecnologías fabricados para prevenir, o neutralizar deficiencias, limitaciones en la actividad y restricciones en la participación?

a) Instrumentos apropiados.

b) Productos de apoyo.

c) *Hardware* adaptado.

6.8. Las adaptaciones de los puestos de trabajo deben realizarse...

a) De manera individualizada.

b) Atendiendo solo a las capacidades del trabajador.

c) Independientemente de las exigencias del puesto.

6.9. Siguiendo la norma de Accesibilidad Universal - UNE 170001-1, ¿a qué criterio hace referencia la acción de averiguar el lugar o momento preciso en el que está algo o alguien?

a) Deambulación.

b) Localización.

c) Comunicación.

6.10. Diseñar rampas para acceder al puesto de trabajo es una adaptación propia del criterio:

a) Deambulación.

b) Localización.

c) Aprehensión.

CASO PRÁCTICO

Adaptación de puestos de trabajo a personas con discapacidad.

CONTEXTO

La empresa ABCD es una pequeña empresa de diseño gráfico que ha decidido contratar a un nuevo empleado con discapacidad visual. El objetivo es adaptar el puesto de trabajo para garantizar la inclusión y el pleno rendimiento del nuevo empleado. Realiza el análisis del puesto de trabajo e identifica las adaptaciones necesarias.

1. Evaluación del puesto de trabajo:

   - Realiza una evaluación detallada del puesto de trabajo del nuevo empleado, teniendo en cuenta las tareas, responsabilidades y requisitos del puesto.

   - Identifica las áreas del trabajo que pueden presentar desafíos o barreras para una persona con discapacidad visual.

2. Identificación de adaptaciones necesarias:

   - Identifica las adaptaciones necesarias para hacer el puesto de trabajo accesible para el nuevo empleado con discapacidad visual. Para ello, es importante tener en consideración diferentes soluciones tecnológicas, modificaciones físicas y ajustes en los procedimientos de trabajo.

   - Describe las herramientas y equipos de asistencia que se podrían utilizar, como lectores de pantalla, *software* de ampliación de texto y teclados táctiles. Describe también los posibles ajustes en el diseño del espacio de trabajo, como la colocación de muebles y equipos para facilitar la movilidad y la orientación del empleado.

GLOSARIO

- **Accesibilidad universal:** es la condición que deben cumplir los entornos, procesos, bienes, productos y servicios, así como los objetos, instrumentos, herramientas y dispositivos para ser comprensibles, utilizables y practicables por todas las personas en condiciones de seguridad y comodidad y de la forma más autónoma y natural posible. En la accesibilidad universal está incluida la accesibilidad cognitiva para permitir la fácil comprensión, la comunicación e interacción a todas las personas. La accesibilidad cognitiva se despliega y hace efectiva a través de la lectura fácil, sistemas alternativos y aumentativos de comunicación, pictogramas y otros medios humanos y tecnológicos disponibles para tal fin. Presupone la estrategia de «diseño universal o diseño para todas las personas», y se entiende sin perjuicio de los ajustes razonables que deban adoptarse.

- **Ajustes razonables:** son las modificaciones y adaptaciones necesarias y adecuadas del ambiente físico, social y actitudinal a las necesidades específicas de las personas con discapacidad que no impongan una carga desproporcionada o indebida, cuando se requieran en un caso particular de manera eficaz y práctica, para facilitar la accesibilidad y la participación y para garantizar a las personas con discapacidad.

- **Análisis de puestos de trabajo (APT):** proceso sistemático que consiste en estudiar y describir las tareas, responsabilidades, requisitos y condiciones de un puesto de trabajo en una organización. El objetivo del análisis de puestos es obtener información detallada y precisa sobre las funciones y características de cada puesto, lo que facilita la toma de decisiones en áreas como la selección de personal, la evaluación del desempeño, la planificación de la carrera y el diseño de programas de capacitación.

- **Carga de trabajo:** cantidad de trabajo asignado a una persona, equipo o departamento en un determinado periodo de tiempo. Incluye tanto las tareas principales como las secundarias, así como el nivel de exigencia física y mental requerido para llevar a cabo dichas tareas. Una carga de trabajo adecuada es aquella que permite a los trabajadores realizar sus funciones de manera eficiente y efectiva, sin exceder sus capacidades y sin comprometer su salud y bienestar.

- **Diseño universal o diseño para todas las personas:** es la actividad por la que se conciben o proyectan desde el origen, y siempre que sea posible, entornos, procesos, bienes, productos, servicios, objetos, instrumentos, programas, dispositivos o herramientas, de tal forma que puedan ser utilizados por todas las personas, en la mayor extensión posible, sin necesidad de adaptación ni diseño especializado.

- **Riesgos laborales:** aquellos peligros o amenazas para la salud y seguridad de los trabajadores que pueden derivarse de las condiciones de trabajo, las actividades laborales, los equipos utilizados o los productos químicos, entre otros factores. La gestión de riesgos laborales implica identificar, evaluar y controlar los riesgos en el lugar de trabajo para prevenir accidentes, lesiones y enfermedades profesionales, promoviendo un entorno laboral seguro y saludable.

MAPA CONCEPTUAL

ANÁLISIS DE PUESTOS DE TRABAJO PARA LA INSERCIÓN SOCIOLABORAL DE PERSONAS CON DISCAPACIDAD

DESCRIPCIÓN DE PUESTOS DE TRABAJO

a) Requisitos y responsabilidades:
  – Requisitos físicos:
    · Esfuerzo físico necesario.
    · Condiciones físicas requeridas.
    · Destrezas o habilidades.
  – Requisitos intelectuales:
    · Aptitudes y capacidades.
    · Competencias.
    · Formación necesaria.
    · Experiencia requerida.
  – Responsabilidad.
b) Contenido del puesto:
  – Descripción del trabajo.
  – Tareas y funciones.
  – Materiales, equipos, herramientas...
c) Condiciones de trabajo:
  – Ambiente de trabajo.
  – Riesgos laborales asociados.

EVALUACIÓN DE LAS CONDICIONES DE TRABAJO

– Procedimientos:
  · Observación directa.
  · Cuestionario o ficha de descripción del puesto.
  · Entrevista.
  · Diario de campo.
  · Comité de expertos.
– Evaluación de:
  · Condiciones de seguridad.
  · Condiciones ambientales.
  · Carga de trabajo (física y mental).
  · Organización del trabajo.

ADAPTACIÓN DE PUESTOS DE TRABAJO

– Ajustes razonables según tipo y grado de discapacidad.
– Productos y herramientas de apoyo.
– Garantizar la accesibilidad (Norma de Accesibilidad Universal UNE 170001-1).

Bibliografía

Barton L. *Discapacidad y sociedad.* Editorial: Morata, 1998. 284 págs. ISBN: 9788471124340.

Bastida, A.; Rodríguez, E. M.; Morales, J. L. *La inserción sociolaboral: reflexiones sobre la práctica.* Editorial: Popular, 2001. 224 págs. ISBN: 9788478842230.

Bodalo Lozano, E. *Dependencia y vulnerabilidad: trabajo social y discapacidad.* Editorial: Diego Marín, 2008. 206 págs. ISBN: 9788484256120.

Cerrillo Martín, R.; De Miguel Badesa, S. *Formación para la inclusión laboral de personas con discapacidad intelectual.* Editorial: Pirámide, 2010. 344 págs. ISBN: 9788436823257.

Díaz Alabart, S. (dir.). *Legislación básica sobre discapacitados.* Editorial: Tecnos, 2007. ISBN: 9788430946198.

Gil de Gómez Rubio, J. *Discapacidad sensorial: sordera, ceguera, sordoceguera.* Editorial: Sanz y Torres, 2010. 238 págs. ISBN: 9788492948024.

Herrán Gascón, A. de la; Izuzquiza Gasset, D. *Discapacidad intelectual en la empresa.* Editorial: Pirámide, 2010. 280 págs. ISBN: 9788436823134.

Huete García, A. *Imagen social, opinión pública y discapacidad.* Editorial: Cinca, 2013. 64 págs. ISBN: 9788415305385.

Lorenzo, R. de. *Discapacidad, sistemas de protección y trabajo social.* Editorial: Alianza Editorial, 2007. 448 págs. ISBN: 9788420648798.

Martínez Abellán, R.; Córdoba Pérez, M. *Orientación socio-laboral para personas con discapacidad visual.* Editorial: MAD, 2010. 262 págs. ISBN: 9788467634808.

Osorio Otero, M.; Jiménez Segado, P. R.; García Santafé, P. *Características y necesidades de las personas en situación de dependencia.* Editorial: McGraw Hill, 2012. 200 págs. ISBN: 9788448175962.

Pablo-Blanco, C. de. *Manual práctico de discapacidad intelectual.* Editorial: Síntesis, 2010. 328 págs. ISBN: 9788497566933.

Romero Rosales, V. *Inserción sociolaboral.* Editorial: Altamar, 2013. 130 págs. ISBN: 9788415309383.

Verdugo, M. A.; Schalock, R. L. *El cambio en las organizaciones de discapacidad.* Editorial: Alianza Editorial, 2013. 304 págs. ISBN: 9788420676050.

Recursos en línea

Clasificación Internacional del Funcionamiento, de la Discapacidad y de la Salud (CIF). Organización Mundial de la Salud, 2001.
http://www.imserso.es/InterPresent2/groups/imserso/documents/binario/435cif.pdf

Informe mundial sobre la discapacidad. Organización Mundial de la Salud, 2011.
http://www.who.int/disabilities/world_report/2011/summary_es.pdf?ua=1

Modelo de plan de acción local para la inclusión de las personas con discapacidad 2012-2015. Director: Huete García, Agustín. Madrid: CERMI. Grupo Editorial Cinca, 2011. 67 p.
http://www.cermi.es/es-ES/Biblioteca/Lists/Publicaciones/Attachments/275/MODELO%20DE%20PLAN%20ACCION%20LOCAL.pdf

Libro blanco sobre empleo y discapacidad
https://back.cermi.es/catalog/document/file/z9r47-586922.pdf

Referencias legislativas

Real Decreto Legislativo 1/2013, de 29 de noviembre, por el que se aprueba el Texto Refundido de la Ley General de derechos de las personas con discapacidad y de su inclusión social.

https://www.boe.es/buscar/pdf/2013/BOE-A-2013-12632-consolidado.pdf

Real Decreto 888/2022, de 18 de octubre, por el que se establece el procedimiento para el reconocimiento, declaración y calificación del grado de discapacidad.
https://www.boe.es/boe/dias/2022/10/20/pdfs/BOE-A-2022-17105.pdf

Ley 39/2006, de 14 de diciembre, de Promoción de la Autonomía Personal y Atención a las personas en situación de dependencia.
https://www.boe.es/boe/dias/2006/12/15/pdfs/A44142-44156.pdf

Real Decreto 2274/1985, de 4 de diciembre, es la normativa que regula los centros ocupacionales para minusválidos.

https://www.boe.es/boe/dias/1985/12/09/pdfs/A38812-38814.pdf

Real Decreto 2273/1985, de 4 de diciembre, por el que se aprueba el Reglamento de los Centros Especiales de Empleo definidos en el artículo 42 de la Ley 13/1982, de 7 de abril, de Integración Social del Minusválido.
https://www.boe.es/boe/dias/1985/12/09/pdfs/A38811-38812.pdf

Real Decreto 290/2004, de 20 de febrero, por el que se regulan los enclaves laborales como medida de fomento del empleo de las personas con discapacidad.
http://www.boe.es/boe/dias/2004/02/21/pdfs/A08386-08391.pdf

Real Decreto 870/2007, de 2 de julio, por la que se regula el programa de empleo con apoyo como medida de fomento de empleo de personas con discapacidad en el mercado ordinario de trabajo.
http://www.boe.es/boe/dias/2007/07/14/pdfs/A30618-30622.pdf

Real Decreto 364/2005, de 8 de abril, por el que se regula el cumplimiento alternativo con carácter excepcional de la cuota de reserva en favor de los trabajadores con discapacidad.
http://www.boe.es/boe/dias/2005/04/20/pdfs/A13466-13469.pdf

Real Decreto 659/2023, de 18 de julio, por el que se desarrolla la ordenación del Sistema de Formación Profesional.

https://www.boe.es/boe/dias/2023/07/22/pdfs/BOE-A-2023-16889.pdf

Directiva 2000/78/CE del Consejo, de 27 de noviembre de 2000, relativa al establecimiento de un marco general para la igualdad de trato en el empleo y la ocupación.

https://www.boe.es/doue/2000/303/L00016-00022.pdf

Real Decreto 1451/83, de 11 de mayo, por el que se regula el empleo selectivo y las medidas de fomento del empleo de los trabajadores minusválidos.

https://www.boe.es/boe/dias/1983/06/04/pdfs/A15548-15549.pdf

Ley 44/07, de 13 de diciembre, para la regulación del régimen de las empresas de inserción.

https://www.sepe.es/LegislativaWeb/verFichero.do?fichero=09017edb80039ed7

Real Decreto Ley 1/2013, de 29 de noviembre, por el que se aprueba el Texto Refundido de la Ley General de derechos de las personas con discapacidad y de su inclusión social.

http://www.boe.es/boe/dias/2013/12/03/pdfs/BOE-A-2013-12632.pdf

Real Decreto 694/2017, de 3 de julio, por el que se desarrolla la Ley 30/2015, de 9 de septiembre, por la que se regula el Sistema de Formación Profesional para el Empleo en el ámbito laboral.

https://www.boe.es/buscar/pdf/2017/BOE-A-2017-7769-consolidado.pdf

Real Decreto Legislativo 1/1995, de 24 de marzo, por el que se aprueba el texto refundido de la Ley del Estatuto de los Trabajadores

https://www.boe.es/boe/dias/1995/03/29/pdfs/A09654-09688.pdf